Lukas Niederberger
Die Kunst engagierter Gelassenheit

Lukas Niederberger

Die **KUNST**
engagierter
Gelassenheit

Wie man brennt, ohne auszubrennen

Kösel

Dr. Guido A. Zäch gewidmet,
Pionier der Rehabilitation und Integration
von Paraplegikern und Tetraplegikern

Verlagsgruppe Random House FSC-DEU-0100
Das für dieses Buch verwendete FSC®-zertifizierte Papier
EOS liefert Salzer Papier, St. Pölten, Austria.

Weitere Informationen zu diesem Buch und unserem
gesamten lieferbaren Programm finden Sie unter
www.koesel.de

INHALT

VORWORT
von Dr. Ellen Ringier

Gerade hat sich das Leben wieder einmal lustig über mich gemacht! Wie kann ein für seine Vernunft bekannter Mensch wie Lukas Niederberger ausgerechnet jemanden wie mich auffordern, sich zum Thema »engagierte Gelassenheit« zu äußern! Ich habe gelassene Menschen jahrzehntelang für Persönlichkeiten gehalten, die sich eher wenig für andere engagieren. Gelassenheit schien mir so etwas wie eine spezifische Art von versteckter – körperlicher oder geistiger – Faulheit zu sein.

Gemeinhin mit »Gelassenheit« assoziierte Worte wie Gelöstheit, Heiterkeit und Leichtigkeit oder gar Harmonie eigneten sich meiner Ansicht nach kaum dafür, »Werte« genannt zu werden. Vielmehr gehörten sie in meinem Verständnis der Welt zu Menschen, die sich selbst und nur sich selbst nahe stehen. Ein Schlappschwanz, wer nicht schon als Pfadfinder gelernt hatte: »Jeden Tag (ungefragt) eine gute Tat.« Ein Feigling, wer mit Gelassenheit auf den Angriff auf Unschuldige reagiert und ein Mensch ohne Zivilcourage und intellektueller Redlichkeit, wer rassistische Bemerkungen oder böswillige Behauptungen über Dritte unkommentiert im Raum stehen lässt. Wie, so fragte ich mich, ist es nur möglich, dass es Mitmenschen gibt, die das Schreckliche dieser Welt kommentarlos, ohne ein Zucken im Gesicht gelassen hinnehmen können?

Meine Vorstellung von sozialem Engagement machte natürlich auch nicht vor meinen Arbeitskollegen halt, denen ich mit meinem Helfersyndrom mindestens verbal immer zur Seite stand, zuweilen auch ungefragt. Nicht alle meine Freunde freuten sich gleichermaßen über mein tätiges Engagement, etwa wenn ich Gegenstände zur Wohnungseinrichtung beisteuerte. Etwas einfacher machen es sich meine Kinder, wenn es um helfend-eingreifendes Durchsetzen meines stets vorbildlich auf Engagement ausgerichteten Willens in deren Erziehung ging. Sie nannten mein Engagement schlicht »Einmischung« und konnten auf den Beistand in der Abwehr auf ihren Vater, meinen Mann, zählen. Langsam lernte ich, dass nicht jedes noch so gut gemeinte Engagement tatsächlich gut ist.

Gelassenheit als erstrebenswerter Zustand, als pädagogisches Grundprinzip oder als Führungsinstrument? No way! Gelassene, also innerlich wie äußerlich ruhige Menschen schienen mir am Geschehen um sie herum schlicht keinen Anteil zu nehmen. Offenbar war denen alles »wurst-egal«. Harmoniesucht und Unengagiertheit waren für mich Synonyme für Selbstaufgabe und Selbstverleugnung. Und um diese Menschen herum, so schien es mir, »tötelte« es bereits ein wenig. Das Leben war in meiner Vorstellungswelt Kampf, und wer den Kampf nicht aufnahm, war nicht nur unengagiert, er war scheintot.

Ich finde, der Autor hat mit der Wahl der Schreiberin dieses Vorworts ein unverschämtes Glück gehabt! Ahnte er, der lebenserfahrenere Zeitgenosse, etwa, dass Menschen wie ich, die sich rund um die Uhr für irgendjemanden oder für irgendetwas engagieren, bald schon erschöpft sind? Brauchen gelassene Menschen nur zu warten, bis sich die anderen an ihrer ständigen Engagiertheit für die Menschheit und die ganze Welt ausbrennen?

Nun, Sie ahnen es schon, das Leben hat mich gezwungen, mehr und immer mehr Situationen mit Gelassenheit zu bewältigen. Wobei ich absichtlich das Wort »lehren« vermeide, weil ich mich aus meiner eigenen Erfahrung für einen eher unbelehrbaren oder – netter gesagt – prinzipientreuen Menschen halte. Aber die Batterien leeren sich eben schneller als früher und nicht jeder Mensch, nicht jede Begegnung, nicht jeder Sachverhalt lohnte objektiv die Mobilmachung der ganzen emotionalen und physischen Engagiertheit meiner existenziellen Person.

Ganz und gar und immerzu gelassen zu reagieren, ja gelassen zu *werden*, kommt für mich auch heute noch nicht in Frage. Ich bin vielleicht bereit, zu gegebener Zeit über ein Facelifting zu reden, niemals jedoch über eine Persönlichkeitsveränderung. Wenn reine Gelassenheit als »action modus« für mich ausgeschlossen ist, dann vielleicht die sozialverträgliche Form der Gelassenheit, die »Mischform«, nämlich die »engagierte Gelassenheit«?

Wie nun – heute, an der Schwelle zum Alter – fertig werden mit der engagierten Gelassenheit, dem Widerspruch per se, dem Paradoxon? Meine, durch den exzessiven, engagierten

Einsatz belastete Seele bastelt mir seit geraumer Zeit eine Brücke, nämlich den Königsweg von der kompromisslosen Engagiertheit zur wachsenden Gelassenheit, und ich nenne dies Interessen- und Güterabwägung:

> Wo lohnt sich angesichts der nicht mehr unbeschränkt vorhandenen Kräfte mein Engagement?
> Entziehe ich mich dem Diktat des Engagements aus Egoismus, Gleichgültigkeit oder mangelnder Zivilcourage?
> Bewege ich mich auf dem Weg zu einer mit Blick auf das bevorstehende Alter angemessenen Lebensweisheit, die sich offenbar definitionsgemäß in Gelassenheit übt?
> Gibt der gelassene Mensch mangels Wille einzugreifen, seine Führungsqualitäten ab oder gibt es ein Führen, Motivieren von und Miterleben mit Mitmenschen im Sinne eines Managements durch Gelassenheit?
> Lebt man ohne Partizipation am Schicksal der Umwelt noch in dieser Welt?

Heute habe ich bereits ziemlich viel Übung im Loslassen von den Dingen, die mir im bisherigen Leben unabdingbar wichtig schienen und damit sozusagen gesetzt waren, selbst wenn dieses »ziemlich viel« streng genommen »ziemlich relativ« ist. Ich lernte, damit umzugehen, dass ich nach meinem Vater eines Tages auch meine Mutter verlieren werde, dass die Kinder aus meinem Protektorat in die ungeschützte Welt hinausgehen, dass ich meine beruflichen Aktivitäten bald in die Hände jüngerer Menschen werde legen müssen. Ich lernte und lerne noch, jeden Tag loszulassen, was offenbar die Voraussetzung für das Gelassensein ist. Mein Engagement wird anscheinend sozialverträglicher, das Konfliktpotenzial schrumpft zusehends.

Man täusche sich jedoch bitte nicht! Solange ich ich bin, will ich die Menschen nach wie vor lieben, will gegen gesellschaftliche Ungerechtigkeiten mit Wort und Tat kämpfen, bei Verletzungen meiner Mitmenschen aller Art einschreiten, will die mir verbleibende Zeit und Kraft weiterhin in den Dienst der Gesellschaft stellen, will zupacken, wo Abseitsstehen ausgeschlossen erscheint – und gleichzeitig daran arbeiten, mich von Menschen zu »des-engagieren«: Es lebe der gelebte Widerspruch!

Könnte es sein, dass dies genau die engagierte Gelassenheit ist, von der in diesem Buch die Rede ist?

Küsnacht bei Zürich, im August 2009

EINFÜHRUNG

Wir stehen mitten im Leben, rotieren nicht selten im Hamsterrad und können das Tempo kaum drosseln. Oft scheinen wir nur noch zu funktionieren. Wir sind mehrfach eingespannt und brennen für verschiedene Themen und Projekte. Und gleichzeitig haben wir keine Lust auf einen Burnout.

Als ich in den vergangenen Jahren meinen Freunden und Kollegen erzählte, dass ich ein Buch über die Kunst engagierter Gelassenheit schreiben würde, reagierten fast alle gleich: »Dieses Buch ist genau für mich, reserviere mir ein Exemplar. Ich kann dir auch gern als Negativbeispiel im Buch dienen.« Geschrieben habe ich dieses Buch für Menschen, die den Rest ihres Lebens nicht (mehr) auf Ängsten und unstimmigen Kompromissen aufbauen wollen, sondern ihre Energie immer mehr dort einbringen möchten, wo sie mehr Sinn entdecken, mehr Lebendigkeit spüren und im optimalen Fall anderen Menschen und der Welt mehr dienen können.

Als mich Winfried Nonhoff, der damalige Leiter des Kösel-Verlags, vor sechs Jahren fragte, ob ich ein Buch über Gelassenheit schreiben möchte, betonte ich, dass mich ein 175. Buch über pure Gelassenheit nicht interessieren würde. Gelassen zu leben, ist keine Kunst, wenn wir in einem indischen 5-Sterne-

Ayurveda-Hotel auf einer Massagebank liegen. Wenn ich die vielen Gelassenheitsbücher betrachte, beschleicht mich meistens das ungute Gefühl, dass darin Gelassenheit als Selbstzweck propagiert wird und dadurch Menschen, die sich mitten im Hamsterrad bewegen, nicht ernst genommen werden: allein erziehende Mütter, Feuerwehrleute, Chirurgen und viele mehr. Mich – und hoffentlich auch Sie – interessiert vielmehr die Frage, wie wir Hingabe und Nähe mitten im hektischen Berufs- und Familienalltag leben können ohne dabei völlig aufgesogen und gelähmt zu werden. Wie können wir Leidenschaft zu Menschen und für Projekte entwickeln und uns gleichzeitig auf gesunde Weise abgrenzen, um nicht auszubrennen? Wo ist das sorglose Vertrauen in den Lauf der Welt gefordert? Wo ist Gelassenheit Ausdruck einer unverantwortlichen Gleichgültigkeit? Und wie kooperieren wir konstruktiv mit Unvermeidbarem?

Rund hundert Personen haben mit ihren schriftlichen Antworten auf meinen langen Fragenkatalog zur Lebendigkeit und Praxisnähe dieses Buches beigetragen. Ihre Erfahrungen bieten wertvolle Impulse für unseren Alltag.

Am Ende jedes Kapitels laden Fragen und Übungen zur persönlichen Reflexion ein. Dieses Buch erspart Ihnen also ein teures Seminar. Zum Aufschreiben Ihrer Erfahrungen, Gedanken und Antworten auf die Impulsfragen, empfehle ich Ihnen, ein Notizbüchlein oder Sie legen ein paar leere Blätter ins Buch.

Dass Sie durch die Texte, Fragen und Übungen der engagierten Gelassenheit Schritt für Schritt näherkommen, wünscht Ihnen

Lukas Niederberger

Rigi-Klösterli/Schweiz, im Februar 2011

LEBEN IM HAMSTERRAD

Bei den meisten Menschen
ist die Ruhe nichts als Erstarrung
und die Bewegung nichts als Raserei.
Epikur (griechischer Philosoph, 341−270 v. Chr.)

Die Unruh kommt von dir,
nichts ist, das dich bewegt,
du selbst bist das Rad,
das aus sich selbst läuft
und keine Ruhe hat.
Angelus Silesius (Mystiker, 1624−1677)

Der Gelassene nützt seine Chance besser
als der Getriebene.
Thornton Wilder (Schriftsteller, 1897−1975)

»Die Leute«, sagte der kleine Prinz,
»drängeln in die Schnellzüge,
aber wissen gar nicht, wohin sie fahren wollen.
Und dann regen sie sich darüber auf
und drehen sich im Kreis.«
Antoine de Saint-Exupéry (Flugpionier, 1900−1944)

Der Schweizer Schriftsteller Max Frisch (1911–1991) zeichnete in seinem Roman *Homo faber* im Jahr 1957 mit dem Ingenieur Walter Faber einen Prototyp des modernen Machers. Faber stellte das Pflichtgefühl über die Liebe und ließ sich eher vom Verstand als von Gefühlen leiten. Und verfehlte letztlich sein Leben. Die Erfahrung des »Homo faber« ist uns nicht fremd. Wir sind Ruderer in modernen Galeeren und müssen die Erfolgszahlen in immer kürzeren Abständen liefern. Um die hohen Erwartungen von außen – und noch vielmehr jene von innen – halbwegs erfüllen zu können, geraten wir leicht in äußere und innere Unruhe, in Aktivismus und ein Getriebensein. Das Hamsterrad, in dem wir rotieren, ist in der Regel hausgemacht.

Das Leben im Hamsterrad hat trotz unzähliger Wok-life-Balance-Seminare noch immer Kultstatus in unserer Leistungsgesellschaft. Manche Menschen brauchen das Hamsterrad, um ihre Identität zu rechtfertigen. Sie fühlen sich wohl, wenn sie getrieben sind, von einem Termin zum nächsten hetzen, immer und überall gefragt sind. Sie können gar nicht still sitzen, sie brauchen die permanente Bewegung, den ultimativen Kick. Adrenalin-Junkies sind von der Bewunderung durch Leistung abhängig und scheuen ruhige Zeiten und Pausen wie der Teufel das Weihwasser.

Im Bekanntenkreis, im persönlichen Coaching und in Kursen begegnen mir immer mehr Männer – und zunehmend auch Frauen – mit Erschöpfungsdepressionen, auch Burnout genannt. Obwohl ich ein Ausbrennen persönlich nie erlebt habe und auch nie erleben möchte, betrachte ich dieses in den meisten Fällen als eine Chance – um nicht von einer Gnade zu sprechen – für die Betroffenen. Leider ist es heute so, dass im-

mer mehr Getriebene mit einem Herzinfarkt, mit Gallenstei-
nen, Magengeschwüren oder eben einem Burnout zu Time-
Outs gezwungen werden, in denen sie endlich mal ehrlich auf
ihr bisheriges Leben schauen, sich der Angst vor der Leere, der
Einsamkeit und Sinnlosigkeit stellen und sich neu ausrichten
auf ein Leben, das mehr Sinn ergibt und mehr ihrer inneren
Bestimmung entspricht. Eine befreundete Seelsorgerin, die im
Moment an einem Burnout leidet, schrieb mir vor einem Jahr
im Fragebogen bezüglich Gelassenheit: »Ich bin eine Mache-
rin, das heißt ich bin kreativ und möchte immer alles selbst
bewirken oder tun, bin ständig am Planen oder Entwerfen
und Umsetzen von Ideen. Dies widerspricht meiner Meinung
nach ziemlich der Vorstellung des Gelassenseins − sprich Geschehen-Lassens.« Leider reagiert man auf solche Warnsignale
meistens zu spät.

Die Dynamik des Hamsterrades greift sogar im religiösen
und spirituellen Bereich. Es ist wohl kein Zufall, dass es in
Zen-Meditationskursen mehr Männer als Frauen gibt. Denn
der Leistungscharakter beschränkt sich beim Testosteronge-
steuerten Mann nicht nur auf den Arbeitsplatz, sondern längst
schon auf sein Joggen in der Freizeit und inzwischen auch auf
seine spirituelle Betätigung. Der engagierte Trappistenmönch
Thomas Merton formuliert dies treffend:

»Viele kommen nicht bis zur Kontemplation, weil sie an Tätigkeiten und Unternehmungen kleben, die sie für ganz wichtig
halten. Blind geworden durch ihren Wunsch nach pausenloser
Bewegung, nach dem ständigen Gefühl, etwas zu leisten, und
voller Hunger nach Ergebnissen und sichtbarem und greifbarem

Erfolg treiben sie sich in einen Zustand hinein, in dem sie nicht glauben können, Gott könnte an ihnen Gefallen finden, wenn sie nicht ständig mit einem Dutzend Aufgaben gleichzeitig beschäftigt sind. Hie und da hört man sie laut klagen und sich beschweren, dass sie keine Zeit mehr fürs Gebet haben, aber sie sind im Täuschen ihrer selbst derartige Experten geworden, dass sie gar nicht mehr merken, wie unaufrichtig ihr Jammern ist. Sie lassen es nicht bloß zu, dass sie immer noch mehr Arbeit bekommen, sondern sie sehen sich sogar selbst noch nach weiteren Aufgaben um. Wie viele haben wohl bereits die ersten Funken der Kontemplation erstickt, indem sie schon eine Menge Holz auf das Feuer gepackt haben, ehe es richtig zu brennen begonnen hat! Vom ersten Anreiz des inneren Gebets lassen sie sich derart erregen, dass sie unverzüglich ehrgeizige Projekte zur Belehrung und Bekehrung der ganzen Welt entwerfen, während doch Gott von ihnen nur will, dass sie still sind und im Frieden bleiben, damit er mit seinem geheimnisvollen Wirken in ihrer Seele anfangen kann. Aber wehe, jemand will ihnen erklären, dass in ihrem Eifer für Aktivitäten eine beträchtliche Unvollkommenheit stecken könnte und dass Gott diese gar nicht von ihnen wolle! Dann erklären sie ihn zum Ketzer.«

Es geht nicht darum, dass wir aus dem Hamsterrad aussteigen. In der Hängematte auf den Malediven können wir das Hamsterrad ferienhalber oder durch Frühpension leicht verlassen. Dieses Buch möchte vielmehr dazu beitragen, dass wir souveräner, selbstbestimmter und gelassener mit dem Hamsterrad umgehen können. Wir wollen nicht gegen das Rad ankämpfen, sondern darüber nachdenken, ob und wie wir innerhalb dieses Rades von der rasenden Peripherie mehr in Richtung des ruhenden Pols in der Radmitte gelangen können.

Nebenbei bemerkt: Das Bild des Hamsterrads tut dem Hamster Unrecht. Hamster wirken in ihren Rädern weder unruhig noch gestresst oder unglücklich. Sie rennen einfach in ihrem Rad, ganz nach der Devise der Mystikerin Teresa von Ávila: »Was du tust, das tue ganz.« Ein Vorbild für den Menschen im Hamsterrad könnte Sisyphus, der Held aus der griechischen Mythologie sein. Die Götter verlangten von ihm, einen Steinbrocken auf den Berg hinaufzurollen, von wo der Stein aber immer wieder herunterrollte. Sisyphus drohte anfangs zu verzweifeln. Aber irgendwann fand er sich mit der Situation ab und nutzte die Zeit des Hinuntergehens zur Reflexion über seine ohnmächtige Situation. Die Folge war, dass er sich von den Göttern völlig distanzierte und sich ihrem Ziel verweigerte, dass der Stein auf dem Berg bleiben müsse. Sisyphus kreierte sein eigenes Ziel, nämlich auf dem Weg zu sein. Auf diese Weise erreichte er heitere Gelassenheit.

Wenn wir im Hamsterrad das Tempo drosseln, bedeutet dies noch nicht automatisch ein Mehr an innerer Ruhe und Sammlung. Statt gegen das Hamsterrad zu kämpfen, es zu bremsen oder aus ihm auszusteigen, geht es darum, das schnell rotierende Rad zu akzeptieren und nicht als vermeintliche Opfer des Systems über das Hamsterrad zu jammern, sondern seinen Lauf möglichst aktiv und kreativ zu gestalten.

- Welche Erkenntnisse und Fragen habe ich nach diesem ersten Buchteil?

GELASSENHEIT

Der Gelassene findet Freude im Herzen,
auch wenn die Zeit des Kummers kommt.
Rumi (Sufi-Mystiker und Dichter, 1207–1273)

Vor einiger Zeit wurde die Enkelin einer Freundin auf den Namen Seraina getauft. Als ihre Oma den rätoromanischen Namen hörte, fragte sie ihren Sohn, ob dieser Name, der Seelenruhe, Heiterkeit und Gelassenheit bedeute, einer Wunschvorstellung der Eltern entspringe oder ob er speziell zum Kind passe. Ihr Sohn meinte: »Im Prinzip das zweite, doch manchmal nennen wir sie auch Sirene.«

Gelassenheit galt den griechischen Philosophen und Dichtern als Schlüssel zum psychischen Wohlbefinden. Wenn sie den gelassenen Zustand von Geist und Seele zu beschreiben suchten, wählten sie das Bild der γαλήνη (Galéne), der still strahlenden und nur leise bewegten Meeresoberfläche. Epikur sah darin unser Daseins-Vorbild schlechthin. Und Euripides stellte im Jahr 412 vor unserer Zeitrechnung das Bild der Galéne als seelisch-geistiges Ideal an den Anfang seines Dramas »Helena«.

Die Griechen differenzierten zwischen vier verschiedenen Dimensionen der Gelassenheit:

> Sokrates hob die σωφροσύνη (sophrosýne = Besonnenheit) als menschliche Haupttugend hervor. Diese Form der überlegten, selbstbeherrschten Gelassenheit lässt gerade in schwierigen und heiklen Situationen den Verstand die Oberhand über die Gefühle behalten.

> ταραξία (ataraxía = Seelenruhe) drückt den Gemütszustand aus, den man durch maßvolle Bedürfnisbefriedigung und Konzentration auf die geistigen Interessen erreicht.

> διάφορα (adiáfora = Gleichmut) bezieht sich nicht nur in Entscheidungssituationen, sondern in allen Lebenslagen auf eine innere ethische und emotionale Neutralität, zum Beispiel gegenüber Gesundheit und Krankheit, Erfolg oder Misserfolg.

> πάθεια (apátheia = Leidenschaftslosigkeit) ist die Befreiung von ungeordneten Leidenschaften, Begierden und Affekten. Die Unempfindlichkeit kann auch negativ Teilnahmslosigkeit bedeuten.

> Die römischen Philosophen und Dichter verwendeten ebenfalls mehrere Begriffe, die die verschiedenen Dimensionen der Gelassenheit ausdrückten:

> *serenitas* bedeutet Helligkeit, Klarheit, Weisheit und Heiterkeit.

> *aequo animo* ist das Gleichgewicht und die Ausgewogenheit der Seele.

Seneca übersetzte mit dem Begriff *tranquilitas animi* den griechischen Ausdruck *ataraxía* ins Lateinische. Damit fokussierte er die innere Ruhe und Ausgewogenheit mehr auf Geist und Seele als auf den Körper.

In der französischen Sprache wird das Wesen der Gelassenheit mit den Ausdrücken *tranquilité, placidité, sérénité, abandon, calme, désinvolture* und *lâcher-prise* umschrieben. Manchmal wird auch der Ausdruck sang-froid verwendet, während in der deutschen Sprache *Kaltblütigkeit* alles andere als Gelassenheit ausdrückt.

In der englischen Sprache wird Gelassenheit mit *calmness, composure* und *detachment* umschrieben. Jugendliche würden sie bestimmt als *coolness* beschreiben.

Wie manch andere deutsche Wörter (zum Beispiel Bildung, Einbildung, Anschauung, Einigung, Innigkeit, Seelengrund, Wesenheit) stammt auch der Ausdruck *Gelassenheit* nicht aus einer direkten Übersetzung aus der griechischen oder lateinischen Sprache, sondern ist eine Eigenkreation der Deutschen Mystik, höchst wahrscheinlich von Meister Eckhart (1260–1328). Gemeint war eine Geisteshaltung bzw. ein Seelenzustand und eine Tugend unter Einbeziehung der gesamten Existenz. Meister Eckhart führte den Ausdruck im Zusammenhang des Spannungsverhältnisses zwischen Diesseits und Jenseits, Irdischem und Himmlischem, Menschlichem und Göttlichem ein:

»Wer sich gänzlich (nur) einen Augenblick ließe, dem würde alles gegeben. Wäre dagegen ein Mensch zwanzig Jahre gelassen und nähme sich selbst auch nur einen Augenblick zurück, so ward er noch nie gelassen. Der Mensch, der gelassen hat und gelassen ist und der niemals mehr nur einen Augenblick auf das sieht, was er gelassen hat, und beständig bleibt, unbewegt in sich selbst und unwandelbar, – dieser Mensch ist gelassen.« (Predigt 13, anno 1325 in Köln).

Die Gelassenheit stand bei den deutschen Mystikern in direktem Zusammenhang mit der Sehnsucht nach und der Vereinigung mit Gott – im Jenseits wie auch mitten im Diesseits. Die Bedeutung des Ausdrucks *Gelassenheit* hat sich im Verlauf der Zeit geändert. Vom 13. bis 16. Jahrhundert entleerte er sich der spekulativen und religiösen Dimension, weg von dem Einssein in und mit Gott hin zu weltlich-ethischen Aspekten wie der Loslösung von Egozentrismus. Seit dem 16. Jahrhundert entwickelte sich die Gelassenheit weiter von der ethischen Forderung zum Ausdruck individueller Lebenszufriedenheit und Lebensbewältigung.

Gelassenheit kann nicht durch ein einziges bestimmtes Wort erschöpfend definiert werden, sondern lässt eine Vielfalt von Beschreibungen zu:

> »Gelassenheit ist die Fähigkeit, im Kontakt mit der eigenen Mitte zu sein und uns dadurch zu identifizieren oder zu disidentifizieren mit unseren Gefühlen.« (Frau, 40 Jahre)
>
> »Gelassenheit bedeutet, die Menschen, Dinge und Situationen zu betrachten, zu würdigen, zu schätzen, zu genießen, mich auf sie einzulassen, sie aber nicht besitzen und festhalten zu wollen.« (Mann, 48 Jahre)
>
> »Gelassenheit heißt, nicht alles so ernst und persönlich zu nehmen.« (Mann, 44 Jahre)
>
> »Gelassenheit ist für mich – in letzter Konsequenz – die Einübung ins gute Sterben.« (Frau, 43 Jahre)
>
> »Gelassenheit ist die heitere Gemütsruhe – besonders in misslichen Lagen, bei schmerzhaften oder außerordentlich glücklichen Ereignissen.« (Frau, 47 Jahre)

»Gelassenheit beinhaltet das Wort lassen und bedeutet darum, die Dinge sein lassen zu können und mit innerer Ruhe und Freiheit dem Außen zu begegnen.« (Frau, 41 Jahre)

»Gelassenheit erlebe ich, wenn ich eine gewisse Distanz zu mir selbst und der Außenwelt schaffen kann und gleichzeitig achtsam und mitfühlend bleibe und nicht apathisch oder gleichgültig werde.« (Mann, 65 Jahre)

»Gelassensein erfahre ich dort, wo ich Dinge loslassen und vertrauend Gott übergeben kann und gleichzeitig selbstverantwortlich mich und viele Dinge zu verändern versuche.« (Frau, 33 Jahre)

»Gelassenheit bedeutet Ängste zu wandeln, unvermeidbare Situationen anzunehmen, wie sie sind und ohne Gefühle der Resignation das Beste daraus zu machen.« (Mann, 57 Jahre)

»Gelassensein bedeutet zu vertrauen, dass es gut kommt. Und wenn das Schiff untergeht, schwimmen und beten.« (Frau, 37 Jahre)

»Wenn und weil ich weiß, was ich kann, wer ich bin, warum ich auf der Erde weile, dass ich geliebt und ein Geschöpf Gottes bin und dass ganz vieles nicht von mir alleine abhängt, kann ich gelassen sein.« (Frau, 45 Jahre)

»Gelassenheit heißt für mich, standhaft wie ein großer Baum mit riesigen Wurzeln im Boden verankert zu sein, im Zustand der eigenen inneren Ruhe zu verweilen und alle äußeren Einflüsse geschehen lassen.« (Frau, 39 Jahre)

- Wie definiere ich Gelassenheit?
- Wann, wo und wie erlebe ich Gelassenheit im Alltag – in Partnerschaft und Familie, am Arbeitsplatz, mit Freunden, in der Freizeit oder auf dem persönlichen spirituellen Weg?
- Welche Hilfen und Methoden schenken meinem Geist, meinem Herzen, meiner Seele wie auch meinem Leib Ruhe und Ausgeglichenheit?

Normalzustand: ungelassen

Das Leben gab mir einen Rat:
Beneide den nicht, der's besser als du hat.
Jag' nicht nach Glück, lass los die Last,
viele ersehnen, was du bist und hast.
Rudaki (tadschikischer Poet, 10. Jahrhundert)

Um Kritik zu entgehen,
tue nichts, sage nichts und sei nichts.
Elbert Hubbard (Schriftsteller, 1856–1915)

Unser Glück und Seelenfrieden beruhen darauf,
dass wir tun, was wir für richtig und angemessen halten,
und nicht, was andere sagen oder tun.
Mahatma Gandhi (indischer Friedensstifter, 1869–1948)

Es gibt Autoren, die nur über Themen schreiben, die sie selbst zu hundert Prozent beherrschen. Ich nicht. Im beruflichen Umfeld treiben mich Denk- und Schreibverbote sowie unsinnige Entscheidungswege auf die Palme. Als Bürger rauben mir Gesetzesgläubigkeit und Paragraphen-Absolutismus die Seelenruhe. Und im Privatbereich kann mich kleinliches Nörgeln zum Wahnsinn treiben. Gelassenheit gehört nicht zu meinen permanenten Gemütszuständen. Nicht einmal in Entscheidungssituationen. Und ich finde diese Tatsache auch nicht alarmierend. Zu wissen, dass wir nicht immer gelassen sind und in einem zweiten Schritt die Gründe für unsere Ungelassenheit erforschen, lässt uns bereits ausreichend Zufriedenheit erfahren. Wir laufen nicht Gefahr, problemverliebt zu sein, wenn wir die tieferen Gründe der Ungelassenheit verstehen wollen. Denn nur so finden wir auch Wege zu mehr Gelassenheit. Gelassenheit ist meistens kein Dauerzustand, vielmehr müssen wir sie immer wieder neu anstreben und dürfen sie im Glücksfall für kurze Momente genießen.

Ungelassenheit hat nicht nur innerpsychische Gründe, sondern kann auch kulturell bedingt oder zumindest beeinflusst sein. Dass die Menschen in Großbritannien oder im südlichen Europa manches gelassener nehmen als Deutsche und Schweizer, können wir während Ferienaufenthalten jeweils hautnah erleben, wenn in der Ferienwohnung der Strom oder das Wasser nicht funktionieren oder im Bad das Wasser nicht abfließt und der Vermieter gar nicht versteht, warum wir deshalb gleich so ein Drama veranstalten. Muslime sind wahrscheinlich prinzipiell gelassener als Christen, weil sie fast an jeden Satz, jede Abmachung und jeden Plan noch ein

»in scha'Allah« anhängen – »so Gott will«. Gelassenheit als Ausgeglichenheit, Ruhe und Leichtigkeit von Geist, Herz und Seele wird gerade in unserer westlichen Konsumgesellschaft erschwert durch die permanente Suche, Sucht und Jagd nach dem Besten und Größten, Schönsten und Schnellsten. Es gibt an jedem Essen, an jeder Wohnung, an jedem Hotel, an jeder Blume, an jedem Menschen und an jeder Gruppe und Organisation etwas auszusetzen und zu optimieren. Ich kenne nicht wenige, die nach zwei bis drei Ferienwochen jeweils zurückkehren und erst einmal darüber schimpfen, was alles nicht optimal war: von der Hitze bis zum Regen, von der Schwimmbadgröße bis zur Art der Sandkörner am Strand.

Einige Gelassenheitshemmer scheinen auch geschlechtsspezifisch zu sein. Eine Freundin, Mitte vierzig, schrieb: »Ungelassen bin ich, wenn übergangen, unterbrochen und weggeschoben werde.« Und eine 53-jährige Kaderfrau doppelte nach: »Ich reagiere ungelassen, wenn ich den Eindruck habe, persönliche Machtansprüche dominieren Entscheidungen.« Selbstverständlich reagieren auch Männer ungelassen, wenn sie nicht beachtet werden. Und auch Frauen können einen in Sitzungen und Diskussionen unterbrechen und übergehen. Dennoch werden Frauen trotz Emanzipation auch in der heutigen westlichen Kultur auf vielen Ebenen diskriminiert und übergangen. Und darum ist es auch verständlich, dass Frauen und Männer in bestimmten Situationen nicht gleich gelassen reagieren.

Die Liste der Gelassenheits-Hemmer ist unerschöpflich. Eine befreundete Redakteurin hatte gleich einen ganzen Katalog von Gelassenheitshemmern:

»Ungelassen bin ich, wann immer ich Intoleranz, Arroganz, Gleichgültigkeit, Unaufrichtigkeit und Ungerechtigkeit begegne. In der
Überforderung, in der Angst, dem seelischen und auch körperlichen
Schmerz, der Sorge um Menschen, die ich liebe. Wenn ich mich ausgeliefert fühle, ohnmächtig, orientierungslos, ausgenutzt. Bei Ge-
sprächsverweigerung. Wenn Macht missbraucht wird, privat wie
auch im öffentlichen Bereich. Wenn nicht der gesunde Menschenverstand über eine Sache entscheidet, sondern die besseren finanziellen Mittel oder das geschicktere Lobbying. Wenn ich meine eigenen
Erwartungen nicht erfülle.«

Auch eine Meditationslehrerin präsentierte eine ganze Liste
von Gelassenheitshemmern:

»Ungelassen bin ich in Situationen, die mich an meine Grenzen
bringen: Grenzen der Geduld, Grenzen des Verständnisses, Grenzen
des Mitgefühls und der Liebe, Grenzen meiner körperlichen Belast-
barkeit – letztlich alle Grenzen, die mit meinem Festhalten an meinen Vorstellungen, Ideen, Ideologien, Bedürfnissen, Wünschen und
Erwartungen zu tun haben (dass andere sich nicht so und so verhalten sollten, dass die Politik nicht so sein dürfte, dass ich etwas
oder jemanden unbedingt besitzen möchte etc.).«

Die folgende Aufzählung von Gelassenheitshemmern habe ich
bewusst weder thematisch noch alphabetisch, weder nach
Wichtigkeit noch nach Häufigkeit gruppiert. Ich unterscheide
die Gelassenheitshemmer auch nicht nach verschiedenen
Lebensbereichen (innerpsychisch, partnerschaftlich, familiär,
betrieblich, politisch, gesellschaftlich, global), sondern be-

wusst zufällig. Ob ich ungelassen bin und schlaflose Nächte habe, weil ich mich vor Stechmücken fürchte, oder weil die Firma Stellen abbaut, weil die Aktienkurse in den Keller rutschen oder die Ozonlöcher zunehmen, spielt nur dann eine Rolle, wenn ich die tieferen Gründe der Ungelassenheit verstehen und von dort aus zu mehr Gelassenheit finden will. Manche Gelassenheitshemmer werden uns vertraut erscheinen, bei anderen können wir aufatmen, weil wir sie nur bei anderen Menschen sehen.

Aussehen

Wenn wir morgens beim Blick in den Spiegel neue Falten, graue Haare oder Pickel entdecken, beim Tritt auf die Waage erschrecken, den Reißverschluss der frisch gewaschenen Jeans nur mit Mühe hochziehen können oder die Partnerin schmunzelnd in die weichen Teile über der Hüfte kneift, fällt eine gelassene Lebenshaltung schwer. Und wenn uns dann noch all die jungen, schlanken Frauen und Männer von den Werbeplakaten und den Illustrierten am Kiosk entgegenlachen, kann die Gelassenheit leicht entschwinden. Nicht umsonst lässt sich mit Diäten, Kosmetika und Botox-Spritzen viel Geld verdienen. Gerade beim Thema Aussehen stellt sich die Hauptfrage der Gelassenheit: Soll und kann ich den Status quo als unvermeidbar akzeptieren und möglichst konstruktiv damit umgehen? Oder will, muss und kann ich den Zustand verändern?

Eigene und fremde Erwartungen

>>Gelassenheit fehlt mir, wenn ich unter Ansprüchen anderer leide, die nicht gerechtfertigt sind.<< (Mann, 50 Jahre)

>>Ungelassen bin ich, wenn ich blöd dastehe und das Gefühl habe, aus Selbstverschulden nicht mein Bestes gegeben zu haben.<< (Frau, 35 Jahre)

Unzufriedenheit misst man heute wissenschaftlich als Nicht-Erfüllung von aufgestellten Erwartungen. Viele leiden am Gefühl, fremden wie eigenen Erwartungen nie oder zumindest nicht immer zu genügen. Das führt so weit, dass wir nicht nur unsere Prioritätensetzung in Frage stellen, sondern die gesamte Existenz. Viele klagen über und leiden unter hohen Erwartungen. Da wir mit dem Beruf, dem Partner oder der Partnerin, dem Hobby, dem Freundeskreis und dem freiwilligen Engagement gleichzeitig verheiratet sind und auch Vater Staat mit seinen vielen Gesetzen und Steuerprozenten an uns zerrt, überrascht es nicht, dass viele den Eindruck haben, keine Luft zum Atmen mehr zu bekommen. Wenn ich in Beratungsgesprächen und Kursen dem Thema >>Erwartung<< auf den Grund gehe, geben die meisten zu, dass die stärksten und höchsten Erwartungen aus unserer internen Eigenproduktion stammen. Wir fürchten uns nicht nur davor, die Erwartungen von außen nicht erfüllen zu können, sondern mehr noch den eigenen Erwartungen nicht gerecht zu werden. Vor allem unser Perfektionismus und das ausgeprägte Leistungsdenken rauben uns tagsüber die Gelassenheit und nachts den Schlaf. Und wenn wir uns fragen, warum wir die eigenen und fremden Erwartungen stets meinen erfüllen zu müssen, lautet die simple Antwort: »Wir wollen gefallen und es allen recht machen.« Wie aber sollen wir in Zukunft mit den äußeren und inneren Erwartungen umgehen? Können und müssen wir einen heiteren Umgang mit den Erwartungen finden oder versuchen sie herunterzuschrauben? Welche Erwartungen können wir herunterschrauben, welche nicht?

Eine Freundin verriet mir folgende Übung: Wir sagen uns beim morgendlichen Blick in den Spiegel: »Ich erwarte von mir heute nichts Bestimmtes.«

Idealistisches Selbstbild

>»Ungelassen bin ich, wenn ich schlecht vorbereitet bin und dazu nicht stehen kann.« (Mann, 61 Jahre)

Wir tragen nicht nur von anderen Menschen und von der Welt Ideal-, Traum- und Wunschbilder in uns. Auch an uns selbst lieben wir das Idealbild oft mehr als das reale Wesen. Nach außen präsentieren wir uns ebenfalls lieber mit der Sonnenseite als mit unseren Schwächen und Grenzen, lieber mit dem Schein als mit dem Sein. Ein alter Freund findet darum nie zur Gelassenheit, weil er seit seiner Kindheit verkrampft versucht, als lebendiger Heiliger verehrt und geliebt zu werden. Um diescs Ziel zu erreichen, hat er schon als Kind ein raffiniertes Lügen-System aufgebaut. Auch beim Gelassenheitshemmer Idealbild stellt sich die Frage: Müssen und können wir unser Idealbild der Realität mehr angleichen? Oder finden wir eine Möglichkeit, mit diesem Scheinbild gelassener zu leben?

Beschränkung in der Autonomie

»Besonders ungelassen reagiere ich, wenn ich mich fremdbestimmt
fühle.« (Frau, 70 Jahre)

Manche Zeitgenossen fahren reflexartig ihre Stacheln aus,
wenn sie den Eindruck haben, jemand wolle sie in ihrer Eu-
phorie und Kreativität bremsen und gönne ihnen ihre Lebens-
freude und Lebendigkeit nicht.

Krankheit, Leiden, Schicksalsschläge

Viele Menschen verlieren ihre innere Ruhe und Heiterkeit,
wenn sie an einer schmerzhaften oder tödlichen Krankheit
leiden oder wenn ihre Kinder, Geschwister, Eltern oder Partner erkranken oder verunfallen. Keine Frau wird gelassen reagieren, wenn sie ungeplant schwanger wird, die Arbeitsstelle
oder den Partner verliert. Und kein Mann wird im Stand der
Seelenruhe verharren, wenn er seine Siebensachen durch
Raub oder Feuer verliert oder nach einem Unfall das weitere
Leben im Rollstuhl verbringen muss.

Sicherheitsbedürfnis

Unser Sicherheitsbedürfnis steigt in der Regel mit wachsendem Alter und paradoxerweise auch mit zunehmendem
Reichtum. Und die wachsende Komplexität in der globalisier-
ten Welt steigert unseren Wunsch nach Sicherheit und Ordnung noch zusätzlich. Wer sich bereits in der Kindheit und
Jugend nie wirklich auf seine Eltern oder andere Verantwort-
liche verlassen konnte, wird wohl ein Leben lang an Verunsi-
cherung oder gar Kontrollzwang leiden und es schwer haben,

ein Grundvertrauen ins Leben aufzubauen. Oft erwarten wir die absolute Sicherheit auch dort, wo sie nicht zu finden ist. Absolute Sicherheit gibt es in der Welt nie und nirgends: weder im Straßenverkehr noch bei chirurgischen Eingriffen, weder in Atomkraftwerken noch in kirchlich geschlossenen Ehen. Sicher ist nur der Tod. Wie also können und sollen wir mit unserem Sicherheitsbedürfnis in einer unsicheren Welt umgehen? Wo und wie müssen und können wir uns der unsicheren Welt besser anpassen?

Mangelndes Selbstwertgefühl

Eine gute Freundin ist die Tochter einer weltberühmten Künstlerin und erlebt dies nicht nur als Vorteil:

> »Ich bin immer dann nicht gelassen, wenn meine Mutter ins Spiel kommt. Sei es, dass ihr Name aufkommt oder dass es mal wieder herauskommt, dass sie meine Mutter ist. Sosehr mir das Problem im Kopf klar ist und ich am Thema arbeite, berührt es mich immer wieder emotional, zieht mir den Boden unter meinen Füßen weg und lässt mein Selbstwertgefühl gegen Null schrumpfen. Ich muss es wohl als mein Übungsfeld in Gelassenheit sehen.« (Frau, 37 Jahre)

Das Bedürfnis nach Einzigartigkeit und Bewunderung, Bestätigung und Belohnung, Respekt und Geliebtsein ist völlig verständlich und normal. Leider ist es aber so, dass manche das Lob und die Anerkennung regelrecht brauchen, wenn sie spüren, wie schön es ist, gelobt und geschätzt zu werden. Und sie beginnen zu manipulieren, um mehr davon zu bekommen. Vor allem die Jagd nach Anerkennung durch Leistung raubt

manchen Zeitgenossen die Gelassenheit und führt zum Ausbrennen. Die Abhängigkeit von Bestätigung und Belohnung
gründet letztlich in einem mangelnden Selbstwertgefühl und
kann darum nur dann in Gelassenheit gewandelt werden,
wenn wir mehr das wahrnehmen, schätzen und genießen,
was wir sind, statt auf das zu starren, was andere sind, haben
und tun.

Dass wir wertvoll sind und eine uneingeschränkte Würde
besitzen, die nicht von Leistung und Besitz, Schönheit oder
Prestige abhängt, müssen wir uns manchmal ganz ausdrücklich sagen. Das kann schon beim Erwachen oder beim morgendlichen Waschen vor dem Spiegel sein. Wir können uns
auch einmal alle unsere Pluspunkte auf einen Zettel notieren:
Charaktereigenschaften, Kenntnisse, Fähigkeiten, Talente, Stär-
ken, wichtige Erfahrungen, tragende Beziehungen und vieles
mehr. Höchstwahrscheinlich werden wir überrascht sein, wie
viele Seiten wir in kurzer Zeit füllen können.

Vergleich mit anderen

Ein Freund aus einfachen Verhältnissen beneidet immer wieder die Kinder von reichen und gebildeten Eltern, die ihnen
tolle Ausbildungen, Musik- und Sportunterricht, Sprachschu-
len und Auslandstudien finanzieren und sie auf allen Ebenen
fördern. Seine Eltern haben sich wenig engagiert für ihn, haben ihn sogar ziemlich vernachlässigt und seiner Ausbildung
Steine in den Weg gelegt. Es macht uns leider nur unglücklich,
wenn wir uns mit anderen Menschen vergleichen, zumal sie
auch alle ihre Sorgen haben und ihren Rucksack mit persön-
lichem und familiärem Ballast auf ihrem lebenslangen Weg

des Suchens nach Glück und Sinn tragen. Viele Menschen fühlen sich zu kurz gekommen. Ihnen erscheint das Gras im Garten des Nachbarn grundsätzlich grüner als das im eigenen Garten.

Warum vergleichen wir uns permanent mit anderen Menschen und beneiden sie um ihre Häuser mit Pool und Wintergarten, um ihre schnellen Cabrios und lukrativen Traumjobs, um ihre tollen Partner und hochbegabten Kinder, ihre exklusiven Hobbys und ausgefallenen Feriendestinationen? Gelassenheit werden wir nur finden, wenn wir lernen, uns an dem zu freuen, was wir sind und aus den Zutaten unseres Lebens bereitet haben. Ich empfand es immer als befreiend, wenn ich den älteren Dominikanerpater Reginald nach seinem Befinden fragte und er mit einem herzhaften und gleichzeitig schmerzverzerrten Lachen antwortete: »Ich bin zufrieden.«

Beziehungskonflikte

»Besonders ungelassen werde ich, wenn ich in einem Beziehungskonflikt versuche mich verständlich zu machen und mich das Gegenüber nicht versteht, mich provoziert oder meine Person angreift.« (Frau, 46 Jahre)

Je größer die emotionale Nähe zwischen Menschen ist, umso mehr rauben Konflikte und Spannungen unsere Gelassenheit. Obwohl ich mit über hundert Paaren die Hochzeit intensiv vorbereitet und rituell gestaltet habe und manche von ihnen darüber hinaus seit Jahren begleite, kenne ich keine fertigen Rezepte für eine glückliche, harmonische und nachhaltige Partnerschaft. Am aussichtsreichsten scheinen mir jene Beziehungen zu sein, die sich vor Konflikten und Spannungen nicht fürchten, sondern diese angstfrei oder gar lustvoll angehen.

Eifersucht

Schlaflose Nächte und innere Unruhe erleiden wir, wenn wir unseren Liebsten nicht mehr trauen oder wenn sie an unserer Treue zweifeln. Ein guter Freund wurde vor zwei Jahren nach allen Regeln der Kunst von seiner Partnerin betrogen und musste sich gezwungenermaßen mit dem Thema Kontrolle und Vertrauen in der Partnerschaft auseinandersetzen. Aber auch nach unzähligen Reflexionen erschien ihm die Alternative »Eifersucht und Kontrolle« weit weniger Lebensqualität zu besitzen als die Option »Schmerz und Enttäuschung über Lügen und Betrug«. Dennoch verstehe ich jede Frau, die sich ärgert und einen höheren Puls bekommt, wenn ihr Partner während des Essens wie ein Teenager kichernd SMS austauscht oder auf Geschäftsreisen sein Handy ausschaltet. Der tiefere Grund für Eifersucht sind Verlassenheitsängste. Der Ausweg aus der Eifersucht kann wohl nur in der klaren und nüchternen Haltung liegen: Wir sind miteinander zusammen, weil wir uns lieben. Und wenn wir beide uns als Partner nicht mehr lieben oder nicht mehr genügen, dann versuchen wir etwas zu verändern. Und wenn das nicht geht, sind wir offenbar nicht (mehr) füreinander geschaffen und werden das Glück auf getrennten Wegen suchen müssen.

Kränkungen

>>Ungelassen bin ich, wenn mich falsche Anschuldigungen treffen.<<
(Frau, 35 Jahre)

>>Ich verliere meine Gelassenheit, wenn Menschen Abmachungen
nicht einhalten und ich mich im Stich gelassen fühle.<< (Frau, 61
Jahre) >>Den stärksten Gelassenheitshemmer erlebe ich, wenn ich
merke, dass ich angelogen, bedroht oder manipuliert werde.<< (Frau,
70 Jahre)

>>Ich kann nicht immer gelassen sein, wenn meine chronischen
Muster getroffen werden. Diese haben persönliche aber auch iden-
titätsbezogene Wurzeln (zum Beispiel wegen Geschlecht, der Ethnie
oder Religion).<< (Mann, 55 Jahre)

Kränkungen, Enttäuschungen, Verletzungen, Demütigungen,
Verleumdungen, ungerechte Behandlung, Benachteiligung,
Diskriminierung, Betrug, Lüge, Übergriffe und Missbrauch
rauben einem die Gelassenheit nicht nur während einiger Tage,
sondern je nach Grad der Traumatisierung ein Leben lang. Miss-
brauchserfahrungen oder Dreiecksbeziehungen sind extreme
Gelassenheitskiller. Scham- und Schuldgefühle verhindern die
Seelenruhe. Eine Bekannte leidet seit über zehn Jahren an Schlaflosigkeit, weil sie sich durch Medien und Gerichte ungerecht
behandelt fühlt. Da wir uns keine Stahlpanzer zulegen wollen,
die uns immun machen gegen Verletzungen, bleibt nur die Alternative, unsere Verletzlichkeit und Verletzbarkeit zu akzeptieren. Wenn ich Biografien von Nelson Mandela, Sophie Scholl,
Dietrich Bonhoeffer, Aung San Suu Kyi, Oscar Romero und
anderen Menschen lese, die sich extrem verletzlich machten,
erhalte ich in diesen Begegnungen viel Kraft und Zuversicht.

Druck und Stress

»Ich bin nicht gelassen, wenn ich als Krankenschwester und Sterbebegleiterin zu viel Arbeit habe und den Patienten nicht gerecht werde.« (Frau, 46 Jahre)

»Ich kann nicht gelassen sein, wenn ich als Ärztin meine Angehörigen und Freunde behandle, ihnen Schmerz zufüge oder ihnen schlechte Botschaften überbringen muss.« (Frau, 65 Jahre)

»Ich verliere die Ruhe, wenn ich zu spät dran bin für eine Einladung oder den Theaterbesuch.« (Frau, 46 Jahre)

»Wenn ich müde bin und etwas unbedingt noch fertig machen will oder muss, aber nicht mehr die Energie dazu habe, verliere ich im Privatleben sehr schnell die Gelassenheit beim kleinsten Missgeschick.« (Mann, 55 Jahre)

»Ich verliere jegliche Gelassenheit, wenn ich es nicht schaffe, die Steuererklärung rechtzeitig abzugeben.« (Frau, 40 Jahre).

Wer ständig von oben und unten und von allen Seiten gedrückt, gezogen und gestoßen wird, überfordert ist und an Lasten und Verantwortlichkeiten leidet, verliert nicht nur die innere Ruhe, Heiterkeit und Leichtigkeit, sondern wird aufgerieben und brennt aus. Immer mehr Menschen in wirtschaftlichen Unternehmen sowie in Verwaltungen beklagen sich darüber, dass sie immer mehr Dinge in immer kürzerer Zeit und mit immer weniger personellen und finanziellen Ressourcen zu bewältigen haben. In solchen Fällen gilt es, die Situation jeweils klar zu analysieren und zu differenzieren. Welcher Druck und Stress ist eher quantitativ, welcher qualitativ? Je nachdem hilft eher ein Delegieren von Arbeit oder eine Weiterbildung. Und welcher Anteil vom Druck und Stress gründet in meinen eigenen hohen Erwartungen oder meiner Unfähigkeit nein zu sagen und mich abzugrenzen?

Fixierungen

>Früher war ich ungelassen, wenn es nicht nach meinen Plänen ging. Ich fühlte mich dann ausgeschlossen, nicht akzeptiert (beruflich), bedroht oder gar wertlos (im privaten Bereich).« (Mann, 70 Jahre)

>Ich verliere meine Gelassenheit, wenn im Beruf Dinge nicht so gehen, wie ich sie mir vorstelle, sei dies verursacht durch mich oder durch andere.« (Frau, 49 Jahre)

Menschen, die sich weitgehend befreit haben von materiellen Gütern und Werten, sind darum aber noch nicht gelassen. Oft hängen sie dann umso mehr an immateriellen Werten, vor allem an fixen Plänen, Vorstellungen und Ideen. Verbissen und rechthaberisch, oftmals auch ideologisch verhärtet krallen sie sich an theologische Wahrheiten und Traditionen oder an soziale Theorien und reagieren ungelassen auf andere Meinungen. Der Grund für ideologische Fixierungen ist vermutlich eine tiefe Angst vor zu großer Vielfalt und Komplexität, die das Bedürfnis nach Sicherheit und Identität schmälert.

Ängste, Ängste, Ängste

Unsere Gelassenheit wird durch ein ganzes Konglomerat von Ängsten torpediert. Manche Ängste kennen wir, können sie benennen und sie im direkten Kontakt auch etwas in Schach halten und wandeln. Andere entziehen sich unserem Bewusstsein und wirken darum umso unkalkulierbarer und heftiger. In jedem Menschen dominieren unterschiedliche Ängste.

Zwei Ängste, die unsere Gelassenheit besonders hemmen oder verunmöglichen, sind die Existenzangst und die Angst vor Misserfolg und Versagen. Die Angst, irgendwann mal nicht mehr zu genügen und nicht würdig zu sein, kann Menschen bis zur Verzweiflung und zum Suizid führen. Daneben existiert eine ganze Palette von Ängsten, die uns mehr oder weniger dominieren und unsere Seelenruhe hemmen: die Angst, dass alles (auch Gott und Religion) Illusion sei; die Angst vor eigener und fremder Boshaftigkeit und Gewalt, die Angst vor Einsamkeit, Klimakatastrophen, Pandemien, Krieg, Terroranschlägen und Muslimen, die Angst vor Selbsthingabe, Arbeitslosigkeit, Alleinsein, Gott und Strafe, Angst vor sexuellem Versagen, vor Schwangerschaft und Elternschaft, vor Veränderung und Wandlung, vor Bindung, Nähe und Verbindlichkeit, vor Emotionalität und mangelnder Gefühlskontrolle, vor Verlust von lieben Personen und Trennung, vor Fremden, Autoritäten und vor dem Reisen im Flugzeug, Angst vor Spinnen, Mäusen, Schlangen, Hunden und Zahnärzten, vor TV-Krimis, vor Ausgeliefertsein, Amokläufern, Hilflosigkeit und Ohnmacht, vor Abhängigkeit oder dem Urteil anderer sowie vor dem Sterben und dem Tod.

Wandeln können wir all diese Ängste nur, indem wir sie erkennen, bejahen und sie gleichzeitig in klare Schranken verweisen und ihre jeweiligen Gegenpole oder Gegenstimmen in uns aktivieren. Manchmal ist auch ein »agere contra« angesagt, indem ich bewusst über meinen Schatten springe und etwas tue, wovor ich mich eigentlich fürchte.

Kritik und Rückschläge

»Ungelassen bin ich, wenn ich das Gefühl habe, ungerechtfertigt kritisiert zu werden.« (Frau, 35 Jahre)

Der souveräne und konstruktive Umgang mit Kritik ist nicht leicht, auch wenn in jeder Kritik irgendwo ein Körnchen Wahrheit liegt. Wenn wir sehr gut gelaunt sind, können wir Kritik locker entgegennehmen und sogar für die Lernmöglichkeit danken. Aber wenn wir genervt, dünnhäutig und müde sind und uns auf der Beziehungsebene mit dem Kritikaster ohnehin auf dünnem Eis bewegen, können wir mit Kritik, Rückschlägen und Widerständen nicht gelassen umgehen. Vor allem dann nicht, wenn uns die Schläge ungerechtfertigt und destruktiv erscheinen.

Ich erhalte immer mal wieder Übungsmaterial für den Umgang mit Kritik. Da ich bis vor sieben Jahren einen Flüchtling illegal beherbergt hatte, hagelte es bei Bekanntwerden offene und anonyme Kritik in Verbindung mit Drohungen und Angriffen unter die Gürtellinie. Und auch in den letzten Wochen, als ich mich öffentlich gegen Waffen in Privatwohnungen engagierte, wurde ich übelst beschimpft, bedroht und zur Kündigung aufgefordert. Gerade bei massiver Kritik versuche ich jeweils zu differenzieren: Welcher Teil gehört tatsächlich zu mir und wo muss und darf ich den emotionalen Müll von Attacken zurückgeben?

Mein väterlicher Freund Guido Zäch war in den letzten 40 Jahren als Pionier in der Rehabilitation von Paraplegikern der Zeit oftmals voraus und beschritt mit dem Bau einer immensen Klinik und eines Forschungszentrums visionäre

Wege. Da er sich sehr erfolgreich engagierte und auch politisch exponierte, zog er automatisch viele Neider und Gegner auf sich. Als ich ihn einmal auf die regelmäßige Kritik ansprach, sagte er mit ernster Miene: »Kritik ist für mich immer ein Zeichen, dass ich auf dem richtigen Weg bin. Wenn ich einmal länger keine Kritik vernehme, wird mir unwohl und ich frage mich, ob ich vielleicht tatsächlich was falsch mache.«

Pessimismus

Ein lieber Freund ist Kulturpessimist und Apokalyptiker – eine Art Woody Allen wider Willen. Er sieht im kulturellen, politischen und wirtschaftlichen Bereich schnell Zeichen der Verluderung und Bedrohung und fokussiert sich gern auf Worstcase-Szenarien. Dass Gedanken Energie und Macht haben, ist keine Neuigkeit. Darum hängt unsere Gelassenheit zu einem beträchtlichen Teil von unserer Gedankenkontrolle ab. Es ist entscheidend für unsere Gelassenheit, ob wir das halbvolle oder das halbleere Glas Wasser sehen.

Meine ungelöste Biografie

>	»Bei Themen, die in meiner eigenen Lebensgeschichte noch keine Abrundung gefunden haben, reagiere ich ungelassen. Manchmal sind es Themen, die meinen Ahnen passiert sind und dann verdrängt wurden. Ungelassen reagiere ich, wenn Themen anklingen, die ich noch nicht verarbeitet und losgelassen habe. Wenn ich verbissen reagiere, dann zieht sich in mir der Herzbereich zusammen und ich kämpfe. Wenn das passiert, weiß ich, dass ich ungelassen bin.« (Frau, 40 Jahre)

»Meine innere Ruhe verliere ich, wenn ich sehe, wie jemand Kinder falsch behandelt. Da meine Eltern mich praktisch ohne Grenzen erzogen haben, macht es mich rasend, wenn ein Kind die Grenzen austestet und die Eltern ihm keine setzen.« (Frau, 42 Jahre)

»Die Vergangenheit erweist sich häufig als ein Übergepäck auf dem Weg in die Zukunft, und trotzdem kann ich sie nicht einfach über Bord werfen.« (Frau, 49 Jahre)

»Bei Vorkommnissen, die sind, wie aus meiner Vergangenheit, reagiere ich ungelassen. Ich stolpere immer wieder darüber und verletze damit mir nahe stehende Menschen.« (Frau, 62 Jahre)

Viele hadern mit ihrer eigenen Geschichte und geben vor allem ihren Eltern Schuld, dass sie dieses oder jenes nicht tun können, haben oder sind. Nicht mal der liebe Gott kann etwas an unserer Geschichte ändern. Ändern können wir einzig unseren Blick und unsere innere Einstellung zur eigenen Biografie. Wir haben die Wahl, ein Leben lang unglücklich zu hadern oder dankbar zu staunen über das, was wir aus dem Möglichen gelernt und realisiert haben.

Unkontrollierte Leidenschaft

Wir Menschen sind selbstverständlich weniger von Trieben und Instinkten gesteuert als unsere tierischen Geschwister. Wenn wir aber in der Zeitung die Nachrichten lesen, müssen wir gleichzeitig einsehen, dass der Mensch zu Formen von Gewalt und Ungerechtigkeit fähig ist, die im Tierreich so nicht vorkommen. Sigmund Freund untersuchte vor über hundert Jahren vor allem Libido und Thanatos, den menschlichen Sexual- und Todestrieb. Unsere Gelassenheit wird durch verschiedene unkontrollierte Triebe, Verstrickungen, Abhängigkeiten und Süchte behindert.

Gier

Das Fundament der buddhistischen Lehre und Praxis ist die Erkenntnis, dass das Leiden in uns und in der Welt durch Gier, Hass und Verblendung verursacht wird. Gier zeigt sich nicht nur bei Managern, die jährlich Millionen abzocken. Jedes ungeordnete Streben nach Erfolg, Ehre und Besitz sowie das Getriebensein durch Ehrgeiz und Leistungsdenken kann uns unsere Seelenruhe verunmöglichen oder hemmen.

Begegnung mit Gewalt und Unrecht

»Ungelassen bin ich, wenn Menschen anderen willentlich, aus Gedankenlosigkeit, Faulheit oder Mangel an Fantasie Schlimmes zufügen, egal ob sich dies gegen andere Menschen, Tiere, Pflanzen oder die natürlichen Lebensgrundlagen richtet.« (Frau, 51 Jahre)

»Ich kann und will nicht gelassen sein, wenn jemand meine Kinder und andere Personen, die ich liebe, emotional oder körperlich verletzt.« (Frau, 35 Jahre)

»Ich reagiere völlig ungelassen, wenn mein älterer Sohn seinen kleinen Bruder mit Fingernägeln und Schlägen attackiert, um seiner Eifersucht und seiner Entthronung Ausdruck zu geben.« (Frau, 38 Jahre)

In vielen Situationen wäre Gelassenheit fehl am Platz, weil sie nicht Ausdruck einer mitfühlenden Seelenruhe wäre, sondern von Fatalismus, Desinteresse und Gleichgültigkeit, von Egoismus und Verantwortungslosigkeit.

Nervosität und Empfindlichkeit

Wenn wir nervös sind, können wir nicht gleichzeitig gelassen sein. Manchmal stören uns Kinderlärm und laute Musik auf der Zugfahrt, manchmal sind es die permanenten Anrufe beim konzentrierten Schreiben oder die herumliegenden Klamotten von pubertierenden Jugendlichen. Selbst eine Fliege auf dem PC-Bildschirm können wir als sehr lästig empfinden. Die Gründe für Nervosität, Empfindlichkeit und Gereiztheit sind vielfältig.

Gelassenheit lernen wir gerade in Momenten, wo wir etwas als Störung empfinden. Wir können versuchen, vermeintliche Störungen und Ungeplantes als Glocken der Gelassenheit zu deuten, die uns daran mahnen, die Realität anzunehmen, wie sie ist, und unsere eigenen Vorstellungen und fixen Pläne nicht absolut zu setzen. Wenn wir vermeintliche Störungen als leisen Wink zu erkennen versuchen, kommen wir der Gelassenheit im Alltag sehr nahe.

Unterschiedliche und bedrohte Werte

»Was mir meine Gelassenheit raubt, kann ich recht klar sagen, wenn ich schaue, in welchen Situationen ich in den letzten 10 Jahren protestierende Briefe an Firmen oder Redaktionen geschrieben habe. In der Regel, wenn es um Fälle von Rassismus und von ausländerfeindlichen Handlungen geht.« (Mann, 55 Jahre)

»Ungelassen reagiere ich, wenn etwas gegen meinen Verstand geht – wenn ich etwas nicht verstehe!« (Politikerin und Kaderfrau, 55 Jahre)

Oft sind es konträre Meinungen in politischen, sozialen und religiösen Fragen, die uns auf die Palme bringen und uns die

Gelassenheit verunmöglichen. Andersdenkende besitzen und vertreten in der Regel eine andere ethische Grundhaltung. Menschen und Gruppen mit traditionellen, idealistischen, hedonistischen oder materialistischen Wertehaltungen verstehen sich gegenseitig oftmals nicht und reagieren ungelassen aufeinander.

Mich bringen vor allem Menschen auf die Palme, die eine unbekömmliche Mischung von Machtgehabe, Herzlosigkeit und sklavischem Gesetzesdenken an den Tag legen. Übertriebenes Pflichtgefühl und blinder Obrigkeitsglaube an der Stelle von gesundem Menschenverstand und Weitherzigkeit lässt mich wohl auch noch im hohen Alter völlig ungelassen reagieren.

Wo und wann müssen und können wir toleranter werden? Und wann wäre Toleranz fehl am Platz und lediglich Ausdruck von Gleichgültigkeit und Harmoniesucht?

Ungeduld

> »Meine Gelassenheit verliere ich vor allem bei aggressiven, rücksichtslosen Autofahrern.« (Frau, 46 Jahre)
> »Ungelassen bin ich beim Autofahren unter Zeitdruck, was leider oft der Fall ist.« (Mann, 38 Jahre)

Am Steuer mutieren die friedvollsten Menschen zu Hyänen und beginnen unflätig zu fluchen und zu gestikulieren. Drängeleien kennen wir nicht nur im Straßenverkehr, sondern auch in Restaurants, Supermärkten, am Skilift oder Check-in-Schalter des Flughafens. Weil der Gelassenheitshemmer Ungeduld so stark verbreitet ist, erhält er später ein eigenes Kapitel.

Technisches Ausgeliefertsein

»Meine innere Ruhe verliere ich am deutlichsten, wenn wieder mal mit dem E-Mail oder dem Computer was schiefläuft.« (Frau, 45 Jahre)

In Paris lebte ich in den 90-er Jahren während des Studiums in einem Haus mit 30 Jesuiten aus aller Welt. Wenn jeweils einer die Waschmaschine einschaltete, während in der Küche der Kochherd eingeschaltet war, fiel der Strom im ganzen Haus aus. Und ich durfte erfahren, dass der Ärger über das plötzliche Aussteigen des Computers interkultureller Art ist. Franzosen und Schweizer fluchen bei Computer-Abstürzen nicht weniger laut als Kongolesen, Haitianer, Polen, Koreaner und Ägypter.

Fehlende Sinnerfahrung

Wenn wir über längere Zeit das Gefühl haben, nur zu funktionieren, aber nicht wirklich erfüllt zu leben, können unsere Seele, unser Geist und Herz leicht aus der Ruhe kommen. Menschen streben nach Sinn. Und je älter wir werden und je weiter oben wir uns auf der Maslow'schen Pyramide der erfüllten Bedürfnisse befinden, umso mehr stellt sich die Frage nach dem Sinn in unserem Tun, Haben und Sein. Manchmal müssen wir eine gewisse Durststrecke und Leere aushalten, weil wir uns aus unseren Verpflichtungen nicht so einfach davonstehlen können. Wer sich die fehlende Sinnerfahrung aber längere Zeit nicht eingesteht und sich der Sinnsuche verweigert, wird früher oder später deutliche Negativsignale vom Körper erhalten.

Alter

»Ungelassen bin ich in meiner Erfahrung, nicht mehr zum aktiven
Teil der Gesellschaft zu gehören. Das Aufgeben einer prominenten
Position mit vielen Privilegien und Vorteilen ist schwer. Es beschäftigt mich, nicht mehr gefragt zu sein. Der ziemlich rapide Verlust
physischer Anziehungskraft, die womöglich mit der Aufgabe einer
prominenten Position zusammenhängt, erfordert eine innere Neu-
ausrichtung, um die Gelassenheit nicht nur zu bewahren, sondern
– dem Alter entsprechend – auszubauen.« (Mann, 70 Jahre)

Von vielen Menschen, die sich jahrzehntelang stark über den
Beruf definiert haben, weiß ich um den Schock der Pensionierung. Manche reagieren schon zwei bis drei Jahre im Vorfeld
des großen Übergangs sehr besorgt und ungelassen. Ich kenne
aber auch ältere Menschen, die im Alter zu einer großen
Gelassenheit finden, weil sie nicht den Dingen nachtrauern,
die nicht mehr möglich sind, sondern die Dimensionen des
Lebens und jene Tätigkeiten entfalten, die möglich sind, Sinn
ergeben und bisher vielleicht zu kurz kamen.

Die lange Liste der Gelassenheitshemmer erweckt den Eindruck, dass Ungelassenheit nur durch negative Faktoren verursacht, beeinflusst oder ausgelöst wird. Was ist mit all den
Glücksmomenten, die uns in emotionale Ausnahmezustände
versetzen? Wenn wir im Lotto gewinnen, uns verlieben,
Schmetterlinge im Bauch spüren, in Ekstase sind, mit den Skis
über einen frisch verschneiten Schneehang schwingen, im
Hochsommer ins kühle Meer springen, ein Klavierkonzert
von Rachmaninow hören oder unser Baby lächeln sehen?

Diese Sternstunden und Traummomente können unseren Puls selbstverständlich ebenso hochtreiben wie Horrorfilme, traumatische Erfahrungen und schwere Schicksalsschläge. Aber unser Geist, unser Herz und unsere Seele erleben selbst bei extremen positiven Emotionen innere Ruhe und Frieden, Heiterkeit und Leichtigkeit.

Die folgenden Aussagen laden Sie ein, Ihre eigenen Gelassenheitshemmer klarer kennen zu lernen.

- Ich erlebe mich ungelassen …
  im Privatleben (mit PartnerIn, Kindern, Eltern, FreundInnen)
  im Beruf oder gesellschaftlichen Engagement (mit KollegInnen, Vorgesetzten, Untergebenen, KlientInnen etc.)
  gegenüber Politik/Wirtschaft/Religion/Kultur/Medien/Gesundheits- und Sozialwesen
  … wenn ich mich ärgere über …
  … wenn ich mich fürchte vor …/bedroht fühle durch …
  … wenn ich gestresst bin und unter Druck wegen …
  … wenn ich Feuer und Flamme bin für …
  … wenn ich mich unverstanden/verletzt fühle durch …
  … wenn ich … annehmen muss und nicht ändern kann …
  … wenn ich die Geduld nicht habe für …
  … wenn ich mich nicht distanzieren und abgrenzen kann von …
  … wenn ich … verändern/loslassen/aufgeben muss …

- Wo und wann habe ich besondere Mühe mit Loslassen?
- Wann habe ich das Loslassen schon als Chance erlebt, neuen Raum zu geben?
- Was braucht es an Veränderung bei mir, damit ich gelassener werden kann?
- Was braucht es an Veränderung bei PartnerIn und in der Familie, damit ich gelassener werden kann?
- Was braucht es an Veränderung am Arbeitsplatz (Organisation, Unternehmen), damit ich gelassener werden kann?
- Was braucht es an Veränderung in der Politik (national und global), damit ich gelassener werden kann?

Angeboren oder lernbar?

Person bin ich,
Charakter habe ich,
Persönlichkeit werde ich.
Viktor E. Frankl (Psychiater, 1905–1997)

Manche Menschen sind offenbar von der Natur her hektisch und ungeduldig, andere phlegmatisch und in sich ruhend. Ist Gelassenheit eine vererbte Charaktersache, eine angeborene Gemütsverfassung oder eine Folge von Lernen und Üben? Oder ist sie die Frucht religiösen Glaubens oder erzeugt durch das soziale Umfeld? Wie weit spielen die verschiedenen Temperamente, Sternzeichen und Enneagramm-Typen eine Rolle? Oder ist Gelassenheit einfach die Frucht unserer reflektierten Erfahrungen? Manches lässt auf Vererbung und Prägung in den Kindheitsjahren schließen. Das Spektrum der Meinungen ist breit:

»Ein Mensch, dem in der Kindheit viel Vertrauen geschenkt wurde, hat viel Selbstvertrauen: das ist ein riesiges Geschenk! Selbstvertrauen ist eine Grundlage der inneren Ruhe und der Gelassenheit.« (Mann, 62 Jahre)

»In schwierigeren Situationen sind zum Auffinden der inneren Ruhe das soziale Umfeld und ein tragendes Beziehungsnetz bestimmt ebenso wichtig wie der eigene Wille, möglichst gelassen zu bleiben.« (Frau, 46 Jahre)

»Gelassenheit ist eine angeborene Charaktersache. Besonders mein Vater war cool. Gleichzeitig hat mir das spirituelle Training viel geholfen.« (Mann, 51 Jahre)

»Gelassenheit wurde wesentlich von meiner Familie und Freunden geprägt. Heute hängt sie mehr mit meiner persönlichen Gottesbeziehung zusammen.« (Frau, 46 Jahre)

»Den größten Einfluss schreibe ich meinem familiären Umfeld während meiner Kindheit zu. Die Sicherheit, die damals dominiert hat, füllte meine Körperzellen mit einer riesigen Portion Urvertrauen. Die Gelassenheit meiner Eltern hat sich auf mich übertragen.« (Frau, 38 Jahre)

»Gelassenheit ist wohl eine Mischung aus Naturell, Erfahrungen und einer gewissen Demut, dass im Leben alles seinen Sinn hat und ich nicht alles zu 100 Prozent steuern kann und muss.« (Frau, 54 Jahre)

»Ich vermute, es ist Charaktersache und auch ein Resultat kognitiver Leistung oder von Lernen. Ich kann üben, die Dinge paradox zu betrachten oder von einer neuen, etwa von einer komischen Seite zu betrachten.« (Frau, 52 Jahre)

»Gelassenheit ist sicher zu einem erheblichen Teil Charaktersache. Es gibt Menschen, bei denen ich das Gefühl habe, das Haus könnte einstürzen und sie würden noch ruhig ihr Bier trinken. Ich bin sicher, dass man das auch lernen kann – mit zunehmender Reife.« (Mann, 35 Jahre)

- Welches ist für mich die Quelle meiner Gelassenheit?
- Wie weit halte ich meine Gelassenheit eher für vererbt und angeboren, von Erziehung, Religion und sozialem Umfeld beeinflusst oder Frucht meines jahrelangen Trainings?

Noli me tangere – nichts berühre mich!

Strebe nach Ruhe, aber durch das Gleichgewicht,
nicht durch den Stillstand deiner Tätigkeit.
Friedrich Schiller (Dichter und Dramatiker, 1759–1805)

Ihr steht so gelassen, so ohne Beteiligung da,
ihr sittlichen Menschen.
Der junge Werther (im gleichnamigen Werk von Goethe)

Das Zitat des griechischen Philosophen Epikur im ersten Buchteil beginnt mit dem Satz: »Bei den meisten Menschen ist die Ruhe nichts als Erstarrung.« Das ist keine objektive Tatsachenbeschreibung, sondern eine provokative Behauptung. Und weil in allem ein Körnchen Wahrheit steckt und wir auch und vor allem aus Fehlern und Irrtümern lernen, gehen wir den fragwürdigen Formen von Ruhe und Gelassenheit an dieser Stelle auf den Grund.

Falsche Gelassenheit begegnet uns vor allem dort, wo sie als Leidvermeidungsstrategie missbraucht und pervertiert wird. Gelassensein ist kein kraftloses Gleiten- und Treibenlassen der Dinge und der Seele. Wer immer und überall die Ruhe in Person bleibt, permanent über den Dingen steht und durch nichts und niemanden zu erschüttern ist, ist kein Guru der Gelassenheit und keine Meisterin des Loslassens, sondern unter dem Schein des Guten und Edlen ein Drüberflieger, Ignorant und Verdränger, der unfähig ist, sich einzulassen auf die Menschen, die Welt, das Leben und auf sich selbst. Falsche Gelassenheit taucht in den verschiedensten Bereichen des Lebens und der Welt auf. Einige Zeugnisse mögen hier genügen:

»In kirchlichen Funktionärskreisen sehe ich eine erschreckende Kälte gegenüber dem Leben. Aber auch bei spirituell suchenden Menschen sehe ich oft eine durchgekurte Unbekümmertheit und eine modische und spirituell verkappte Gelassenheit, die die Welt nicht ernst nehmen will und sich nicht kümmert um das Leben.« (Mann, 62 Jahre)
»Viele leben nach der Devise: Was ich nicht weiß, macht mich nicht heiß.« (Frau, 34 Jahre)

»Falsche Gelassenheit im Sinn versteckter Gleichgültigkeit sehe ich vor allem in den Kirchen und überall dort, wo die Menschen aus Ängstlichkeit oder Feigheit wegschauen.« (Mann, 35 Jahre)

»Falsche Gelassenheit sehe ich in der Rezeption von Nachrichten, die nüchtern über Tragödien und Katastrophen berichten. Und beim nüchternen Aufzählen von Zahlen und Statistiken, die über bedauerliche Fakten in der Welt Auskunft geben.« (Frau, 46 Jahre, Journalistin)

»Eine erschreckende Pervertierung der Gelassenheit zeigt sich vor allem in der Vogelstrauss-Politik. Wenn Politikerinnen und Politiker den Kopf in den Sand stecken und die Wirklichkeit nicht sehen und nicht hören wollen.« (Mann, 65 Jahre)

»Falsche Gelassenheit existiert immer dann, wenn es heißt: ›Die sind selbst schuld an ihrem Leiden‹. Oder wenn jemand sich nicht dem Leiden aussetzen will und das Leiden anderer ›überspielt‹ mit Sätzen wie ›Es ist ja alles nicht so schlimm, es gibt Schlimmeres‹.« (Frau, 52 Jahre)

Manche Zeitgenossen fallen dann in eine falsche Gelassenheit, wenn sie die Ohnmacht gegenüber Zerstörung und Ungerechtigkeit in der Welt nicht mehr aushalten können und wollen:

»Falsche Gelassenheit erlebte ich in mir als Selbstschutz, wenn ich auf Reisen in andere Länder und Kontinente Straßenkindern begegnete. Nach dem ersten emotionalen Schmerz schnitt ich die Kinder jeweils innerlich ab, sie wurden mir lästig und zu einer Ware, an der ich emotionslos vorbeigehen konnte.« (Frau, 38 Jahre)

Weil fremdes Leiden weh tut, verweigern sich nicht wenige Menschen den Nachrichten im Fernsehen, in Zeitungen oder im Internet. Das ist aber selten ein Ausdruck von Gelassenheit oder echtem Selbstschutz, sondern vielmehr von geistiger Erstarrung und seelischer Resignation. Falsche Gelassenheit kann auch die Frucht eines pseudo-religiösen Fatalismus sein. Im Extremfall vertreten fromme Seelen, Armut, Ungerechtigkeit und Gewalt seien gottgewollt:

>>Ich ärgere mich über die falsche Gelassenheit im indischen Kastensystem. Dieser institutionalisierte Rassismus ist fatalistisch und bezeichnet Leiden und Armut als Bestimmung, als Karma.<< (Mann, 47 Jahre)

Die spirituelle Überhöhung von Fatalismus und Gleichgültigkeit oder gar einer stillschweigenden Unterstützung ungerechter Regeln, Gesetze und Systeme pervertiert die Religion zu einer lebensfeindlichen und menschenverachtenden Ideologie.

In gewissen Situationen kann die Ruhe in Geist, Herz und Seele zwar an Unerschütterlichkeit grenzen, ist aber nie unverletzlich oder gar immun gegen Leid und Schmerz. Der gelassene Mensch steht nie gönnerhaft über den Dingen und Leiden, sondern lebt eine wache Präsenz und steht verwundbar mitten im Leben und in der Welt. Manchmal begegnet uns die falsche Gelassenheit auch unter dem Deckmantel grenzenloser Toleranz. Doch hinter Sätzen wie >>mach, was du willst<< versteckt sich in Wahrheit Gleichgültigkeit und Desinteresse. Der US-amerikanische Schriftsteller und Holocaust-Überlebende Elie Wiesel schrieb: »Das Gegenteil von Liebe ist nicht Hass, sondern Gleichgültigkeit. Und das Gegenteil von Leben ist nicht Tod, sondern Gefühllosigkeit.« Im Buddhismus ist die Gleichgültigkeit der Gegenpol, der »nahe Feind« der Gelassenheit. Eine 41-jährige buddhistische Zen-Lehrerin schreibt:

»Gleichgültigkeit ist ein Geisteszustand, der oberflächlich betrachtet mit Gelassenheit verwechselt werden könnte. Das zentrale Merkmal von Gleichgültigkeit ist, dass wir nur deshalb so ›unberührt und gelassen‹ scheinen, weil wir nicht im Kontakt mit der Realität des Lebens sind. Ich sehe bei mir, dass ich dann gleichgültig werde, wenn der Herzgeist zu klein und begrenzt ist, um eine Situation des Leidens ›halten‹ zu können und dadurch mit Ablehnung, Angst und Ekel oder mit Schuldzuweisungen reagiert. Gleichgültigkeit schützt mein kleines Ich. Besonders schwierig sind Situationen, in denen ich vollkommen machtlos zuschauen muss, wie Menschen Leiden produzieren (zum Beispiel Kindsmisshandlung). Nach einer Phase des Mich-Auflehnens gegen diese Tatsache gibt es einen Punkt, wo der Geist gleichgültig zu werden droht (›sollen sie doch so weitermachen, die werden schon sehen‹), weil er das Leiden nicht mehr spüren will. Die Herausforderung ist, auch im Leiden, in der Ohnmacht, präsent und wach zu bleiben, nicht einfach wegzuschauen.«

Nur wer sich auf die Welt mit ihrer Schönheit und ihrem Leiden einlässt und sich für sie interessiert im Sinn des lateinischen »inter-esse« (»dazwischen-sein«), kann echt gelassen – und engagiert – sein. Der jüdisch-buddhistische Zen-Meister und Sozial-Aktivist Bernard Tetsugen Glassman und auch der vietnamesische buddhistische Mönch und spirituelle Bestseller-Autor Thich Nhat Hanh befassen sich intensiv mit dem »Inter-Esse«, dem Dazwischen-Sein, dem engagierten und zugleich gelassenen Sein und Wirken mitten in der Welt. Verena Kast hat dem Inter-Esse ein ganzes Buch gewidmet. Thich Nhat Hanh hat sogar eine Gemeinschaft mit dem Namen »Interbeing« gegründet. Die dahinter liegende spirituelle Erfahrung und geistige Einsicht der modernen Physik besteht darin, dass alles mit allem wechselseitig verbunden ist und zusammenhängt. Unsere Welt und das gesamte Universum sind eins, unteilbar, verbunden, vernetzt. Die Trennungen, Differenzierungen, Abspaltungen sowie Gut-Böse- und Freund-Feind-Schemen, die wir in unserem mental, dualistisch und bipolar geschulten und geprägten Hirn immer wieder kreieren, verhindern letztlich diese Erfahrung des Einsseins, die über den anthropozentrischen und egozentrischen Blick hinausweist und die Grundlage zur engagierten Gelassenheit bildet.

Falsche Gelassenheit im Sinn einer Unbekümmertheit und Unberührbarkeit mag mit Verdrängungsstrategien vielleicht bei manchen Zeitgenossen eine Weile lang funktionieren, nicht aber langfristig. In diesem Kapitel geht es nicht nur darum, uns zu prüfen, wo wir eine falsche Gelassenheit leben, sondern uns auch zu fragen, wo wir bewusst ungelassen sein wollen. Denn in manchen Fällen wäre Gelassensein unverantwortlich. Meine Bekannten nannten eine Fülle von Situationen, wo die Seelenruhe Ausdruck einer falschen Gelassenheit wäre:

»Ich bin dann nicht gelassen und möchte es auch gar nicht sein, wenn ich mich ärgere oder mit anderen Menschen trauere.« (Mann, 36 Jahre)

»In der Erotik kann und will ich nicht gelassen sein.« (Mann, 64 Jahre)

»Ich reagiere bewusst ungelassen, wenn in einem Notfall-Einsatz etwas Falsches getan oder gesagt wird, wenn Betroffenen nicht mit Rücksicht und Empathie begegnet wird oder wenn der Persönlichkeitsschutz gefährdet ist.« (Mann, 45 Jahre, Mitarbeiter eines Care-Teams)

»Gelassen kann ich nicht sein, wenn sich jemand total daneben benimmt oder radikale politische Äußerungen rassistischer oder sexistischer Art macht, die ich nicht tolerieren kann.« (Frau, 42 Jahre, Leiterin eines Hilfswerks)

»Nicht gelassen sein will ich, wenn es um Menschen geht, die mir anvertraut sind und für die ich Verantwortung trage. Und besonders im Fall von Ungerechtigkeit.« (Frau, 55 Jahre, Präsidentin eines Hilfswerks)

»Nicht allzu viel Gelassenheit will ich in der Beziehung leben und zeigen, weil sie als Desinteresse ausgelegt werden und beleidigend wirken könnte. Es ist auch pädagogisch falsch, wenn Eltern gelassen bleiben und ihre pubertierenden Kinder nicht konfrontieren oder anbrüllen, wenn diese mit bewussten Provokationen den Widerstand der Eltern suchen.« (Mann, 42 Jahre)

»Ich will ungelassen und leidenschaftlich sein beim künstlerischen Schaffen.« (Mann, 56 Jahre, Bildhauer)

»Ich will und kann nicht billig gelassen sein, vor allem wenn ich konfrontiert bin mit den Dunkelheiten unserer Spezies Mensch, etwa bei den Machtspielen der Kriegführenden (im Großen und

Kleinen!) und deren verheerenden *Auswirkungen auf Millionen unschuldiger, unterdrückter, geschundener Menschen, Tiere und Pflanzen.*« (Frau, 55 Jahre, Künstlerin)

»*Es gibt Situationen, wo man klar Grenzen setzen muss. Da wäre Gelassenheit keine Tugend. In Konfliktsituationen kann Gelassenheit provozieren oder zur Eskalation führen. Wo Leidenschaft angebracht ist, kann Gelassenheit fade, kalt oder kalkulierend wirken.*« (Mann, 55 Jahre, Konflikt- und Friedenspädagoge)

»*Bewusst ungelassen bin ich, wenn eine offensichtliche Ungerechtigkeit herrscht: wenn der Staat seine Arbeit nicht macht, der Chef die Mitarbeiter ausnutzt oder wenn wehrlose Kinder und Tiere gequält werden.*« (Frau, 35 Jahre)

»*Gelassen will ich dann nicht sein, wenn es um Themen geht wie Folter, Todesstrafe oder Kindsmissbrauch.*« (Frau, 35 Jahre, Redakteurin)

»*Ungelassen bin ich, wenn ich beruflich recherchiere und kommentiere.*« (Mann, 38 Jahre, Journalist)

»*Bewusst ungelassen bin ich beim Beschreiben von Schönheit.*« (Frau, 33 Jahre, Journalistin)

»*In der Liebesbeziehung ist es wichtig, sich mit Leidenschaft ungehemmt begegnen zu können. Und wenn ich Musik höre, etwas Tolles lese, lasse ich mich gern in den Bann ziehen. Ich werde Teil des Dramas und lasse mich emotional verstricken.*« (Frau, 35 Jahre)

»*Ich will dann nicht gelassen reagieren, wenn Menschen ihre Zigarettenschachteln, Becher, Kartons und Bierflaschen nur wenige Zentimeter von Mülleimern entfernt liegen lassen.*« (Frau, 36 Jahre)

»*Ungelassen will ich in all jenen Situationen sein, in denen Gleichgültigkeit ein sicheres Indiz dafür wäre, dass ich tot bin.*« (Frau, 49 Jahre)

»Gelassen möchte ich dann nicht sein, wenn An- und Eingriffe in Seelen-Bereiche geschehen, wo es keine Erlaubnis für Zutritt gegeben hat.« (Frau, 52 Jahre)

»Ich will und kann nicht gelassen sein, wenn Unwahrheiten und Unterstellungen verbreitet werden, wenn Ausbeutung von Mensch und Natur gut geheißen wird (auch stillschweigend), wenn andere ausgeschlossen und diskriminiert werden oder wenn Menschen hinter ihrem Rücken verleumdet oder schlecht gemacht werden.« (Frau, 71 Jahre)

»Ungelassen-leidenschaftlich möchte ich in meiner Liebesbeziehung sein. Auf der politischen Ebene möchte ich die Fähigkeit zur Empörung bewahren, vor allem bei Ausgrenzungen.« (Frau, 51 Jahre)

• Wann und wo will und kann ich nicht gelassen sein und werden, weil es eine falsche Gelassenheit im Sinn von Desinteresse und Gleichgültigkeit wäre?

Im Loslassen gewinnen

Bevor Ihnen nicht klar ist, woran Sie festhalten,
können Sie auch nicht loslassen.
Sören Kierkegaard (Philosoph und Theologe, 1813–1855)

Das Wort »gelassen« ist nicht nur ein Adjektiv, dem unser Gemüt mehr oder weniger entspricht, »gelassen« ist auch das

Partizip des Verbs »lassen«: Wir haben etwas oder jemanden gelassen, losgelassen oder zurückgelassen. Dass Gelassenheit mit lassen und los-lassen zu tun hat, überrascht kaum. Gelassen-sein hängt stark mit der Fähigkeit des Loslassens zusammen.

Das Sprechen und Schreiben über das Loslassen kann zynisch und verletzend wirken. Viele reagieren auf das Thema allergisch und ertragen das Gerede übers Loslassen kaum mehr. Letzthin besuchte die Leiterin eines Sterbehospizes in Süddeutschland einen Kurs bei mir. Sie beklagte, dass man von Sterbenden und Trauernden ständig verlange, sie sollten einander loslassen. Dabei gehe es doch nicht ums Loslassen, sondern darum, einander im Herzen einen Platz zu geben, wenn uns das Leben unsere Lieben entreißt. Beim Thema Loslassen geht es tatsächlich darum, den Menschen und Dingen in uns den richtigen und stimmigen Platz zuzuordnen, der uns nicht besetzt und bedroht, sondern frei lässt und frei macht.

Damit das Reden über das Loslassen nicht zynisch wird, ist auch zu unterscheiden, ob wir freiwillig loslassen oder ob wir unfreiwillig loslassen müssen, weil uns jemand oder etwas genommen, geraubt, entrissen wird oder verloren geht. Als ich mit 21 Jahren in den Jesuitenorden eintrat, war mir bewusst, dass ich einiges loslassen würde. Gleichzeitig erfuhr mein Klassenkamerad Andreas die Diagnose Multiple Sklerose und wusste, dass er bald unfreiwillig Dinge würde loslassen müssen: Skifahren, Tennis und Theater spielen, reisen und vieles mehr. Hätte ich ihm über die gewonnene Freiheit durch das Loslassen geschwärmt, hätte er dies wohl als reinen Zynismus erlebt. Gelassenheit betrifft beide Formen des Loslassens:

das reaktive, unfreiwillige Loslassen im Sinn des konstruktiven Kooperierens mit dem Unvermeidlichen sowie das proaktive und freiwillige Loslassen um eines neuen und höheren Zieles willen. Im Glücksfall wandelt sich die Haltung der Menschen, die unfreiwillig loslassen müssen, ebenfalls dahin, dass sie sich neue und höhere Ziele suchen.

Unsere Mühe mit dem Loslassen scheint wie die Gelassenheit zum Teil vererbt zu sein. Ein befreundeter bald 60-jähriger Banker schreibt:

»Um gelassen zu werden, muss man loslassen können. Ich beherrsche das kaum, habe es nicht gelernt. Meine Eltern waren mir in diesem Punkt kein Vorbild. Meine Mutter konnte bis zu ihrem Tod nicht von ihrer frühesten Kindheit und Jugend loslassen. An uns Söhnen hing sie mit einer ängstlichen Liebe und ließ uns nicht gehen. Vielleicht hat sie nicht zuletzt deshalb schließlich den Freitod gewählt, weil sie den Ballast nicht mehr weiter tragen konnte. Auch mein kürzlich verstorbener 95-jähriger Vater tat sich äußerst schwer mit dem Loslassen. Auch er konnte uns nie wirklich ziehen lassen. Keine guten Voraussetzungen für Gelassenheit und Seelenruhe.«

Praktisch alle Gelassenheitshemmer haben mit der Mühe des Loslassens zu tun beziehungsweise mit der starken Macht in uns, Menschen und Dinge, Gedanken und Gefühle, Erlebnisse und Situationen festhalten zu wollen wie Briefmarken, Münzen oder Fotos in einem Album. Loslassen heißt, die Menschen und Dinge ihren Lauf nehmen zu lassen und ihnen zuzubilligen, dass sie sich verändern – und zwar nicht so wie wir es gern hätten. Unser Leben ist ein permanenter Prozess des Loslassens. Er nimmt mit der Geburt seinen Anfang, setzt sich beim Ausziehen der Kinderschuhe, dem Abschluss der Ausbildung, dem Verlassen des Elternhauses und der Pensionierung sukzessive fort und endet mit dem letzten Atemzug. Trotz unseres Wissens um diese Tatsache tun wir uns schwer, wenn wir Menschen und Sachen, Meinungen und Überzeugungen, Gewohnheiten und Sicherheiten, Aufgaben und vertraute Orte, Pläne und Träume loslassen müssen. Paradox ist, dass wir Unangenehmes noch schwerer loslassen können als Liebgewonnenes. An Ärger und Wut, Verletzungen und Enttäuschungen, Grübeleien und Selbstzweifeln halten wir stärker fest als an Erfolgen und Geschenken, Lob und Träumen.

Loslassen an sich ist kein Selbstzweck, sondern soll uns behilflich sein, im Leben vom Nehmen zum Geben, vom Vielen zum Wesentlichen zu gelangen. Loslassen ist die Voraussetzung, um weiter gehen zu können und die Hände frei zu haben für Neues. »Mushin« ist der japanische Begriff für Gelassenheit und bedeutet gleichzeitig »frei sein von Fesseln«. Ziel des Loslassens ist nicht das Loslassen an sich und die Befreiung von etwas, sondern die gewonnene Leichtigkeit, Lebendigkeit und Freiheit für etwas oder jemanden: für neue Ziele und Projekte, Menschen und Dinge, Ideen und Träume. Ziel des Loslassens ist die Offenheit für den je nächsten Schritt.

Eltern müssen ihre Kinder sukzessive loslassen. Nicht um des Loslassens willen, sondern um eine immer unabhängigere, freiere und gleichberechtigtere Beziehung zu ihnen zu gewinnen. Altes, Vertrautes und Geliebtes lassen wir nicht in dem Sinn los, dass wir sie aus Kopf und Herz vertreiben, sondern dass wir eine neue Beziehung zu ihnen finden, die uns gleichzeitig öffnet für Neues.

Gelassenheit und die Fähigkeit zum Loslassen sind Themen der zweiten Lebenshälfte. Rilkes endet die achte Duineser Elegie mit dem Satz: »Ab 50 leben wir und nehmen immer Abschied.« Junge Menschen sind eher beschäftigt mit der Wegsuche und dem Aufbau von Partnerschaft und Familie, Karriere und Altersvorsorge. Analogien finden wir in der Pflanzenwelt: Solange eine Rose, ein Apfel oder ein Weizenkorn sich im Wachstum befindet, nehmen sie aus der Erde und der Luft alle nötigen Ressourcen auf, die sie zum Leben und Wachsen brauchen. Und irgendwann gelangen sie zur Reife und Blüte und schalten automatisch um vom Nehmen zum Geben. Die Rose leuchtet in tiefem Rot und versprüht einen verführerischen Duft, der Apfel stillt unseren Durst mit seinem süßen Saft. Und das Weizenkorn gibt seine Stärke im Mehl und Brot weiter. Der Mensch gelangt dann vom Nehmen zum Geben, wenn er bei sich angekommen ist und das Wesentliche im Leben entdeckt hat. Wir gelangen dort vom Festhalten und Anhaften zum Teilen und Freigeben, wo wir uns nicht länger über Haben und Tun, Scheinen und Müssen definieren, sondern mehr und mehr durch das Sein. Hermann Hesse drückt die Notwendigkeit des permanenten Abschiednehmens im berühmten Stufengedicht aus:

»Es muss das Herz bei jedem Lebensrufe bereit zum Abschied sein und Neubeginne, um sich in Tapferkeit

und ohne Trauern in andre, neue Bindungen zu geben
... Des Lebens Ruf an uns wird niemals enden. Wohlan
denn, Herz, nimm Abschied und gesunde!«

Bedingungen des Loslassens

Damit wir loslassen und vom Nehmen zum Geben gelangen
können, sind mehrere Voraussetzungen nötig oder zumindest
hilfreich.

Erstens können wir nur das loslassen, was wir würdigen
und wofür wir ein Minimum an Dankbarkeit verspüren und
entwickeln können. Was ich schlecht machen muss, kann ich
innerlich nicht loslassen.

Zweitens können wir nicht loslassen oder es fällt uns zumindest sehr schwer, wenn wir nicht zuvor die Erfahrung von
Fülle und Liebe, von Selbstakzeptanz und Getragensein gemacht haben. Offenbar müssen wir im Leben ein bestimmtes
Maß an Erfolg, Reichtum und Ehre erfahren haben, ehe wir
gelassen werden können. Aber nicht jeder Reiche wird automatisch gelassen. Eine Zen-Geschichte bringt diese Wechsel-
seitigkeit von Sicheinlassen und Loslassen wunderschön auf
den Punkt:

Zwei Mönche, Tansan und Ekido, waren auf Wander-
schaft. Sie erreichten einen Fluss, den sie überqueren
mussten. Am Ufer stand ein schönes, junges Mädchen. Es wollte auch über den Fluss, doch es hatte
sichtlich Angst davor. Ekido tat so, als nehme er das
Mädchen gar nicht wahr. Denn die Mönchsregeln ver-
boten Kontakt mit dem anderen Geschlecht. Tansan

aber nahm das Mädchen wortlos auf seine Arme und trug es über den Fluss. Lange Zeit gingen die beiden Mönche danach stumm nebeneinander her. Doch irgendwann hielt Ekido das Schweigen nicht mehr aus. »Was hast du getan!«, griff er Tansan an. »Du hast gegen die Regeln verstoßen. Du hast das Mädchen berührt!« Tansan ließ sich nicht provozieren. Ganz ruhig sagte er: »Ich habe das Mädchen am Flussufer zurückgelassen. Trägst du es immer noch?«

Viertens sind zum Loslassen-Können frühere Situationen nötig oder zumindest hilfreich, wo wir erfahren durften, dass das Leben auch nach harten Schicksalsschlägen, Verletzungen und Brüchen weiter geht. Mein Freund Stephan, der in China Ethik doziert, hat früh seinen Vater verloren. Und etwas später wurde seine Schwester von einem betrunkenen Raser zu Tode gefahren. Und auch weitere Schicksale blieben dem heute 53-Jährigen nicht erspart und lassen ihn dennoch gelassen und sehr humorvoll sein: »Nachdem ich einige entscheidende Erfahrungen gemacht habe wie Morddrohungen und die Ablösung meiner Netzhaut, glaube ich behaupten zu dürften, dass ich eigentlich von allem, inklusive China, was mir am schwersten fallen würde, gut loslassen könnte.«

Was müssen wir loslassen?

Bei der Beschäftigung mit unseren Gelassenheitshemmern sind wir vielen Ängsten und Sorgen, Bedürfnissen und Gefühlen begegnet, die wir im Leben noch loszulassen haben, weil und solange sie unsere Gelassenheit und unsere Freiheit für ein sinnvolles Engagement bremsen, behindern oder verunmöglichen.

Buddha spricht von den acht Weltgesetzen, an denen man ihrer Vergänglichkeit wegen nicht hängen und anhaften soll: Gewinn und Verlust, Ehre und Verachtung, Lob und Tadel, Freude und Leid. Seit Buddha kamen einige Mechanismen hinzu, die das Loslassen schwieriger und komplexer machen:

»*Der Geist klammert sich immer wieder an neue Objekte. In meiner Erfahrung wird das Anhaften immer subtiler. Wenn der Geist gelernt hat, ganz grobe Sinnesgenüsse loszulassen, richtet er sich vielleicht eher auf soziale Anerkennung, auf Status, auf bestimmte Ideen oder auf bestimmte meditative Zustände. Wenn diese weniger wichtig werden, folgen noch subtilere Anhaftungsobjekte.*« (Zen-Lehrerin, 41 Jahre)

Ich fragte meine Bekannten, wann ihnen das Loslassen am schwersten falle. Viele Antworten kamen mir bekannt vor, wenige überraschten mich.

Materielles

Eine befreundete Schauspielerin und Drehbuchautorin schrieb:

»*Es gibt ein paar Kleidungsstücke, an denen ich hänge. Es kann an dem Stoff liegen, der sich auf meiner Haut angenehm anfühlt. Oder eine Erinnerung, die ich damit verknüpfe. Manchmal drücke ich mich über diese zweite Haut gern aus.*«

Von meinem Vater habe ich zwei Mäntel geerbt. Diese haben etwas Sakrales an sich. Wenn ich tief in die Taschen greife und danach an den Fingern schnuppere, kann ich auch nach sieben Jahren noch leicht Pfeifentabak riechen. Manche Menschen hängen an Kleidern, andere an Büchern oder CDs, Musikinstrumenten oder Schmuckstücken. Meistens hängen wir am immateriellen Wert der Dinge, vor allem an Beziehungen und Erinnerungen, die wir mit den Dingen verbinden.

Menschen

> »Manchmal fällt es mir schwer, meine beiden Jungs loszulassen und in fremde Obhut zu geben. Gut loslassen kann ich Ängste, was die Entwicklung der beiden Jungs betrifft. Sie werden ihren eigenen Weg finden und meistern, da spüre ich ein großes Vertrauen und Zuversicht in das Universum und in die beiden Jungs.« (Frau, 37 Jahre)

Loslassen von Menschen fällt in verschiedenen Situationen schwer. Sehr schwer tun sich die meisten Eltern im sukzessiven Loslassen ihrer eigenen Kinder. Das ist verständlich und gleichzeitig erstaunlich. Denn Ziel jeder Erziehung sollte ja sein, Menschen in die Selbstverantwortung zu führen und zu entlassen. »Gib Kindern Wurzeln, solange sie klein sind, und Flügel, wenn sie größer werden«, lautet ein osteuropäisches Sprichwort.

Loslassen von Menschen bedeutet für viele junge Paare oder Singles Verzicht auf eigene Kinder. Manche wünschen sich sehnlichst eigene Kinder und es funktioniert aus verschiedenen Gründen und trotz medizinischer Hilfen nicht. Und andere finden nicht den geeigneten Partner, um diesen

Traum zu verwirklichen. Was immer der Grund für den Verzicht auf eigene Kinder sein mag: Erstens braucht es einen oder mehrere Momente, wo man sich bewusst und mit allem Schmerz von diesem archaischen Menschheitstraum löst. Und zweitens braucht es ein alternatives Ziel oder Projekt, das einem ähnlich sinn- und wertvoll erscheint, damit man sich fortan nicht nur durch den Mangel an Kindern negativ als »kinderlos« definiert.

Das Loslassen von Menschen fällt bei Trennungen und Scheidungen, aber auch beim Tod von Partnerinnen und Partnern dann besonders schwer, wenn ungelöste Konflikte im Raum stehen und keine echte Versöhnung mehr möglich ist oder war.

Unerledigte Aufgaben

»Schlecht loslassen kann ich Unerledigtes. Ich stehe ab und zu nachts auf und schreibe Dinge auf, damit ich sie loslassen kann.«
(Frau, 45 Jahre)

Ideale, Bilder, Fixierungen

Wir tragen viele Vorstellungen und Wünsche in uns, wie unser Leben verlaufen soll, was gut und schlecht, anzustreben und zu meiden ist. Wir halten in der Regel ein langes Leben für wertvoller als ein kurzes Leben, Gesundheit auf jeden Fall besser als Krankheit, harmonische Beziehungen sinnvoller als Auseinandersetzungen, Schönheit angenehmer als Hässlichkeit, Jugendlichkeit attraktiver als Alter, Erfolg und Reichtum erstrebenswerter als Scheitern und Armut. Nicht nur von anderen Menschen, der Politik, der Welt und Gott tragen wir fixe

Vorstellungen in uns und sind enttäuscht oder unzufrieden, wenn sich die Wirklichkeit anders präsentiert als unsere Ideale. Enttäuschungen sind – wie es das Wort sagt – das Ende von vorausgegangenen Täuschungen, Illusionen und falschen Idealbildern. Enttäuschungen sind trotz des momentanen Schmerzes letztlich ein Segen für den weiteren Weg. Dennoch können wir Enttäuschungen abfedern, indem wir unsere Erwartungen auf einem möglichst realistischen Niveau ansetzen. Ein befreundeter Architekt investiert regelmäßig viel Zeit, Energie und Herzblut in Architekturwettbewerbe und weiß gleichzeitig, dass er einer von vielen anderen talentierten Bewerbern ist. Darum versucht er jeweils bewusst im Voraus, seinen Selbstwert und seine Selbstliebe möglichst unabhängig zu machen von Erfolg und Lob, Dank und Anerkennung.

Unsere meisten Vorstellungen von Richtig und Falsch, von Gut und Schlecht sind letztlich konstruierte Illusionen. Beispiele aus Natur und Kultur mögen diese These verdeutlichen: Was Unkraut und was eine ordentliche Gartenpflanze ist, ist weniger eine Kategorie der Natur selbst als die Frucht unserer Interpretation. Auch was Musik und was purer Lärm ist, entspricht nicht einer natürlichen Ordnung, sondern unseren persönlichen Vorstellungen von Kunst. Legendär ist die Geschichte der Reinigungsfrau, die vor zwanzig Jahren in der Düsseldorfer Kunstakademie in einer Ecke einen Haufen Fett und Filz aufwischte und entsorgte. Es war ein Kunstwerk von Joseph Beuys.

Auch von uns selbst tragen wir hübsch gezimmerte Wunschbilder und Idealvorstellungen in uns, die es regelmäßig zu hinterfragen und loszulassen gilt.

Verletzungen/Opfer-Täter-Rollen

> *»Schlecht loslassen kann ich eine Kränkung, wenn ich das Gefühl habe, schlecht behandelt worden zu sein und dass mir Unrecht getan wurde. Es braucht Zeit, die innere Schallplatte (das Geplätscher der Gedanken, Rechtfertigungen, Vorwürfe usw.) abzustellen und mich zu versöhnen.«* (Mann, 62 Jahre)

Wir haben in unserem persönlichen Umfeld wohl alle ein paar Freunde, die sich mit einer Trennung oder Entlassung auch nach Jahren und Jahrzehnten noch nicht abgefunden haben und viel Energie darauf verwenden, über den ehemaligen Chef oder die weggelaufene Ehefrau zu schimpfen. Das Loslassen und die Haltung der Gelassenheit fallen uns besonders schwer, wenn uns etwas Negatives besetzt und belastet: Kriegs- und Gewalterfahrungen, finanzielle Probleme, Entlassungen und Trennungen. Gleichzeitig ist mit unserer Opfer-Rolle auch Macht verbunden. Als Betrogene können wir uns moralisch über unsere Partner stellen, als Entlassene über unsere Vorgesetzten, als Bestohlene über den Dieb. Wenn wir uns in der Opferrolle fühlen, ist unsere Unzufriedenheit nicht zwingend die Folge der erlittenen Verletzungen, sondern die Scheu und der Widerstand, Verantwortung für unsere eigenen Gefühle und Reaktionen zu übernehmen.

Viel Unglück und Unzufriedenheit, Hass und Gewalt in der Welt könnten dadurch vermieden werden, dass wir Menschen und Gruppen, Völker und Religionen nicht permanent in gut und böse einteilen, sondern sie möglichst vorurteilslos wahrnehmen. Das Freund-Feind-Schema, wie es George W. Bush systematisch kultivierte, ist letztlich eine vom Menschen konstruierte Illusion. Unser Freund und Nächster ist auch der, der anders ist als wir, selbst der, den wir gern als Gegner und Feind bezeichnen. Der jüdische Religionswissenschaftler Pinchas Lapide schuf in den 70-er Jahren den Begriff »Entfeindungsliebe« als Alternative zur christlichen Feindesliebe. Und auch die palästinensische Friedensstifterin Sumaya Farhat-Nasers versucht seit Jahrzehnten, das Freund-Feind-Schema zwischen Israeli und Palästinensern als Ideologie aufzubrechen und zu wandeln.

Ego

Ein Schüler sprach zu seinem Lehrer: »Ich bin gekommen, ihnen meine Dienste anzubieten.« Worauf der Meister antwortete: »Wenn du das ›ich‹ wegließest, ergäbe sich das Dienen von selbst.«

Ob wir uns mit unseren Gelassenheitshemmern befassen oder ob wir uns fragen, was wir loslassen müssen, um wirklich gelassen zu werden: Letztlich kommen wir nicht umhin, uns mit unserem ängstlichen kleinen Ego zu befassen, das uns das Leben oft so schwer und mühsam macht. Die Sorge ums eigene Ego ist ständig präsent und wirksam, ob es um unseren Umgang mit Kritik und Erwartungen geht oder ob es das Aussehen und den Wunsch nach Bestätigung und Beachtung betrifft. Der UBS-Chef Oswald Grübel hat letzthin verärgert ein Sponsoren-Abendessen in Davos verlassen, weil die Nachspeise in der Küche ausgegangen war, ehe er endlich zum Essen kam. Und der chinesische Parteichef sagt Staatsbesuche prinzipiell ab, wenn zuvor Kritisches über ihn in den Zeitungen des Gastlandes erscheint.

Unser kleines Ego will uns immer neu vom Gefühl überzeugen, im Leben zu kurz zu kommen und nicht genügend beachtet, geliebt und belohnt zu werden. Der Mystiker Niklaus von Flüe (1417–1487) war kein moderner Psychologe, muss aber auf Grund seines langen inneren Weges bereits klar gespürt haben, dass es in uns Abstufungen gibt zwischen dem kleinen ängstlichen Ego, den verschiedenen Ichs und Persönlichkeitsanteilen sowie dem großen göttlichen Selbst in uns, wenn er betete:

Mein Herr und mein Gott,
nimm alles von mir, was mich hindert zu dir.
Mein Herr und mein Gott,
gib alles mir, was mich führet zu dir.
Mein Herr und mein Gott,
nimm mich mir und gib mich ganz zu eigen dir.

Gelassen ist demnach, wer sich selbst lassen kann. Diesen Gedanken drückte auch Johannes der Täufer aus, als er auf den etwas jüngeren Jesus hinwies. Am Isenheimer Altar von Colmar ist diese Szene wunderbar dargestellt, wo Johannes mit dem Zeigefinger Jesus hinweist. In roten Lettern hat Grünewald das biblische Wort wie eine Sprechblase gemalt: »Illum oportet crescere me autem minui.« (er muss wachsen, ich aber muss abnehmen). Mit anderen Worten: Das göttliche Selbst soll sich in mir entfalten, mein kleines, ängstliches Ego aber möge sich wandeln und mich immer weniger bestimmen.

Unser eigenes Ego können wir wie alle anderen Dinge, an denen wir haften, leichter loslassen, wenn wir zuvor die Erfahrung gemacht haben, uns selbst zu besitzen und in der Fülle zu leben. Die flämische Mystikerin, Schriftstellerin und Beginen-Oberin Hadewijch brachte den Gedanken bereits im 13. Jahrhundert auf den Punkt: »Gib alles hin, denn alles ist dein.« Wer loslassen, frei lassen und sich hingeben kann, wer nicht mehr anhaften muss und will, dem oder der liegt die ganze Welt zu Füßen. Wer sich nicht mehr ängstlich, angestrengt und selbstbezogen behaupten und möglichst positiv darstellen muss, wird wirklich gelassen.

Wunsch nach Gelassenheit

Für Buddhisten bildet das Nirwana das Heilsziel des Erlöschens und Verwehens aller Gier und Egozentriertheit. Im Nirwana wird der Zyklus von Wiedergeburten beendet. Das Nirwana ist das Ziel allen Wirkens. Gleichzeitig dürfen Buddhisten das Nirwana nicht anstreben, weil jegliches Streben die Erlösung behindert. Das gleiche scheinbare Dilemma und Paradox besteht auch beim Streben nach Loslassen und Gelassenheit. Letztlich können wir wahre Gelassenheit nicht erstreben. Sufis sprechen von »tark at-tark«: Nach dem Loslassen von Diesseits und Jenseits müssen wir auch das Loslassen selbst loslassen. Loslassen und Gelassenheit erreichen wir offenbar gerade dadurch, dass wir sie nicht erstreben. Der Holocaust-Überlebende und Begründer der Logotherapie, Viktor E. Frankl, schrieb: »Wer Gelassenheit anstrebt, dem vergeht sie.«

Nicht alles und sofort loslassen!

Oft besteht unsere Aufgabe nicht im Loslassen von Menschen und Dingen, Ideen und Plänen, sondern einer neuen Zuordnung und Beziehung zu ihnen, um möglichst frei zu bleiben oder zu werden. So wie es eine falsche Gelassenheit im Sinn einer verdeckten Gleichgültigkeit gibt, existiert auch ein falsches oder allzu schnelles Loslassen. Etwa wenn wir unangenehme Menschen und Gruppen innerlich abschneiden und ausschließen oder indem wir belastende Themen und Gespräche verdrängen. Und wir lassen immer dann zu früh los, wenn wir so tun, als hätten wir Kritik und Verletzungen, Rückschläge und Schicksale bereits überwunden und verarbeitet, ehe wir den Schmerz wirklich zugelassen haben.

Wir dürfen und müssen nicht alles loslassen. Mehrere Freunde schrieben mir, dass sie Mühe hätten mit dem Loslassen von Visionen, Ideen und Träumen:

»*Wirklich schwer fällt mir das Loslassen bei den großen Träumen nach mehr Friede, Gerechtigkeit auf der Welt sowie Achtsamkeit und Toleranz unter den Menschen.*« (Frau, 41 Jahre)
»*Ideale, Werte und Prinzipien sowie den Glauben an einen wie auch immer gearteten Sinn hinter allem kann ich nur schwer loslassen.*« (Frau, 49 Jahre)

Selbstverständlich gibt es Fixierungen auf ganz bestimmte Ideen und Pläne, die uns unfrei und ideologisch werden lassen. Doch grundsätzlich gehören Visionen und Träume nicht zu den Dingen, die wir aufgeben sollten. Als ich vor 25 Jahren einen älteren Mann aus der kirchlichen Hierarchie fragte, wie er mit seinen visionären Ideen und Plänen angesichts des Reformstaus in der Kirche umgehe, meinte er gelassen:

> »Zufrieden lebt, wer die Realität annimmt wie sie ist und gleichzeitig die Träume und Visionen niemals aus dem Herzen verliert.«

Wie loslassen?

Nirgendwo habe ich mehr Ruhe gefunden
als in Wäldern und in Büchern.
Thomas von Kempen (Mystiker, 1380–1471)

Je nach Menschentyp existieren unterschiedliche Strategien und Tricks, Methoden und Settings, Wege und Hilfen, um besser, leichter, schmerzfreier oder eben gelassener loslassen zu können. Weil ich hin und wieder Meditationskurse leite, sagen mir viele Leute, sie müssten unbedingt lernen, stundenlang auf einem Kissen zu sitzen und still zu meditieren, um endlich innere Ruhe zu finden. Ein befreundeter TV-Redakteur meinte: »Für mich ist die tägliche Meditation der Taktgeber der inneren Ruhe und Gelassenheit.« Zweifellos ermöglicht die Meditation das Loslassen auf sehr effektive Art. Aber es ist längst nicht jede und jeder geeignet zum stundenlangen Stillsitzen. Darum seien hier bewusst einige Alternativen genannt.

Klagen und weinen

Gerade wenn wir geliebte Menschen durch Trennung oder Tod verlieren, nützt es nichts, wenn wir unsere Kräfte dadurch vergeuden, so zu tun, als wäre alles schon geschafft. Als Jesus an das Grab eines Freundes trat, weinte er vor den

Augen des ganzen Dorfes. Nur wer nichts liebt, kommt ohne Tränen aus. Wir haben es heute besonders schwer, Zeiten der Trauer durchzustehen. Trauernde entschuldigen sich oft dafür, dass es ihnen nach vier Wochen noch immer nicht besser geht. Weinen und schreien sind keine Zeichen von Schwäche. Wer Verlust, Trennung, Trauer und Loslassen-Müssen vermeiden will, kann sich auch nicht auf das Leben und auf neue Beziehungen einlassen.

Natur, Bewegung und Sport

»Ich beginne meine Bürotage mit einem Waldlauf – immer die gleiche Strecke den Fluss entlang. Ich jogge rund sieben Kilometer und werde dabei ganz ruhig.« (Journalistin, 53 Jahre)

»Loslassen kann ich am besten, indem ich ins Boxtraining gehe, wo ich den Kopf leeren und Aggressionen abbauen kann, weil vorne einer sagt, was zu tun ist, und ich selbst nichts überlegen muss.« (Mann, 43 Jahre)

»Sport hilft mir sehr, innere Ruhe zu bewahren. Da kann ich ausspannen, verarbeiten und neue Energien tanken.« (Leiterin eines Hilfswerks, 48 Jahre)

»Abstand und innere Ruhe schaffe ich durch mein regelmäßiges Kung Fu-Training, das körperliche Höchstleistung, Konzentration und Entspannung vereint und mir mein körperliches Wohlempfinden garantiert.« (Journalistin, 36 Jahre)

Manche können nach einem strengen Arbeitstag leichter abschalten und schneller »herunterfahren«, indem sie die Füße bewusst in den Boden verankern, erden oder laufen gehen bis das Grübeln nachlässt. Auch das Schwimmen im See, das frei improvisierte Tanzen, Tai Chi-Übungen, ein Sauna-Bad, Massage, autogenes Training oder Gartenarbeit lassen unsere Gedanken leichter und die Seele gelassener werden.

Notizbuch, Tagebuch, Tagesrückblick

»Dinge und Themen, die ich loswerden will, schreibe ich in ein Tagebuch.« (Frau, 37 Jahre)

Loslassen gelingt vielen durch das Festschreiben in einem Notiz- oder Tagebuch. In Kursen vermittle ich jeweils ein abendliches Ritual des Loslassens. In dieser Übung lassen wir die letzten 24 Stunden wie in einem Film nochmals innerlich ablaufen und betrachten, was noch unvollendet, bruchstückhaft, unverarbeitet und unerledigt geblieben ist. Wir spüren nach, was wir brauchen, um am folgenden Tag den Faden aufzunehmen. Für den Moment aber übergeben wir den Tag dankend mit all seinen Gedanken und Gefühlen, Begegnungen und Erlebnissen in Form einer vollen Schale dem göttlichen Gegenüber und nehmen für die Nacht und den neuen Tag eine neue, leere Schale in Empfang. Diese geistliche Tagesschau geht auf den christlichen Mystiker Ignatius von Loyola zurück. Sie findet sich aber auch in anderen spirituellen Traditionen. Der chinesische Meister Chao-Hsiu Chen nennt die Gelassenheit treffend das »Nachtgebet des Herzens«.

Pausen, Körper- und Atemübungen

»Einmal pro Woche übe ich Yoga über Mittag, was sehr gut tut.« (Redakteurin, 60 Jahre)

»Zwischendurch schöpfe ich tief Atem und versuche mittels kurzer Ruhepausen Abstand zu gewinnen.« (Chefbeamter, 65 Jahre)
»Das Loslassen übe ich, indem ich ab und an den Arbeitsplatz verlasse, in ein Café oder auf die Straße unter Menschen gehe.« (Frau, 60 Jahre)

Je kürzer und seltener Pausenzeiten während der Arbeitszeit sind, umso achtsamer sollten wir sie gestalten. Schon im Vorfeld können wir uns überlegen, ob wir sie allein oder mit einer bestimmten Person verbringen wollen, wo wir uns niederlassen wollen und ob wir uns mit der anderen Person über ein bestimmtes Thema austauschen wollen. Wir können aber auch unbemerkt mitten im Tun wirkungsvolle Pausen einschalten. Der vietnamesische Mönch Thich Nhat Hanh empfiehlt immer wieder ein bewusstes Ein- und Ausatmen, wenn wir eine neue Tätigkeit aufnehmen, sei es das Lesen oder Schreiben einer E-Mail, das Telefonieren, Aufkleben einer Briefmarke oder Kopieren eines Dokuments.

Neben der Schweigemeditation existiert eine Fülle an Körper- und Atemübungen, die das Loslassen erleichtern. Auch Entspannungsmethoden wie das Malen eines Mandalas dienen dem Loslassen.

Gespräche

»Durch Gespräche mit meiner Frau, die auch Künstlerin ist, habe ich gelernt, mich während des künstlerischen Prozesses zurückzunehmen und zu distanzieren. Am Anfang unserer Beziehung habe ich in dieser Sache nicht auf sie hören wollen. Weil sie aber als Künstlerin diese Leidenschaft versteht, habe ich mit ihrer Hilfe gelernt, ab und zu Distanz zu nehmen und nicht bis zum Umfallen zu arbeiten. So sind auch meine Migräneanfälle, unter denen ich früher oft gelitten hatte, verschwunden.« (Mann, 55 Jahre)

»Loslassen kann ich durch lange Gespräche mit meiner besten Freundin, wo ich jeweils erkenne, dass es anderen Menschen bei dem entsprechenden Thema so geht wie mir.« (TV-Moderatorin, 46 Jahre)

Das Gespräch hilft zweifellos loszulassen. Im Dialog mit einem Gegenüber können wir Ballast abwerfen. Und manches, was uns dramatisch erscheint, wird relativiert. Es dient der Psychohygiene, wenn wir bei ArbeitskollegInnen oder FreundInnen zwischendurch mal Luft ablassen können. Andere wählen bewusst die Aussprache mit einem professionellen externen Gegenüber, sei es ein Coach oder eine Psychotherapeutin, ein Beichtvater oder eine geistliche Begleiterin.

Literatur, Film, Musik, Malerei

»Eine wichtige ›Technik‹, um Distanz zu meinem Schicksal und damit Gelassenheit zu erhalten, ist die Lektüre. Eher nicht Fiktionales, sondern authentisch Erlebtes. Scheint mir mein eigenes Leben wieder einmal schwer erträglich, nehme ich mir bewusst die Biografien oder Briefwechsel von AutorInnen vor, die in sehr misslichen Verhältnissen lebten. Das relativiert mein eigenes Leiden sehr! (Frau, 52 Jahre)

»Ich lese viel und lasse mich von großen spirituellen Leuten inspirieren.« (Frau, 36 Jahre)

»Die Beschäftigung mit den Künsten gibt mir Kraft und Zuversicht, wenn es wieder einmal zu viel wird in mir drin und um mich herum. Intensives Musik-hören oder das Betrachten von Bildern und Skulpturen bringt mich zur Ruhe. Eintauchen in eine andere Welt kann ich besonders mit Literatur. Lesen ist ein probates Mittel für mich, *Angestrengtheit, Nervosität, Unruhe* oder *Unzufriedenheit* zu überwinden. Oft genügt ein Gedicht, um mich umzustimmen.« (Mann, 58 Jahre)

Die Auseinandersetzung mit Kunst versetzt uns in andere Welten. Gedichte lesen oder verfassen, Musik hören und spielen, Singen, Bilder betrachten oder malen sowie der Besuch von Filmen, Theaterstücken, Ballett oder Oper ermöglichen nicht nur das kurzfristige Abschalten nach einem belastenden Arbeitstag oder Beziehungskonflikt, sondern helfen uns auch langfristig, die eigenen Sorgen und Ängste zu relativieren.

Distanz suchen, relativieren

»Ich darf und will mich nicht allzu wichtig nehmen, es gibt kaum etwas *Vergänglicheres* als die Zeitung, für die ich schreibe.« (Redakteur, 60 Jahre)

»Hilfreich ist bisweilen, sich die Relativität meines Tuns vor *Augen* zu halten: Übermorgen ist die Zeitung von morgen Altpapier.« (Redakteur, 38 Jahre)

»Beim Loslassen hilft mir die jahrelange Erfahrung, dass weder die Welt noch die Zeitung untergehen, wenn eine Geschichte implodiert. Und die Sicht auf das große Ganze relativiert die einzelne Stresssituation.« (Chefredakteur, 42 Jahre)

»Die Beobachter- oder Meta-Ebene hilft, die nötige Distanz und den Schritt raus zu bekommen.« (Frau, 52 Jahre)

Die Dinge sind oftmals nicht so, wie sie uns erscheinen. Und sie bleiben auch nicht so, wie sie heute sind. Alles ist relativ. Wir müssen und können die Welt nicht retten und brauchen uns darum auch nicht wie die Mutter Oberin des Planeten aufspielen. Gleichzeitig darf das Faktum unserer Begrenztheit auch kein Alibi und keine Schutzbehauptung sein für eine allfällige Passivität, Gleichgültigkeit oder Resignation.

Damit ich die Dinge relativieren und loslassen kann, ist auch die räumliche Distanz hilfreich. In einem Seminar sprach ein Teilnehmer vom »Eiger-Grindelwald-Effekt«. Die Eiger-Nordwand in ihrer Ganzheit können wir nicht sehen, wenn wir unmittelbar vor ihr stehen. Wohl aber, wenn wir ein paar Kilometer Abstand nehmen und ins nächste Dorf marschieren. Genauso brauchen wir Distanz für die Selbstbetrachtung.

Eine Freundin, die als Seelsorgerin in einem Krankenhaus wirkt und täglich mit viel Leid konfrontiert ist, geht zur eigenen Psychohygiene öfters in die Zürcher Sternwarte guckt mit dem Teleskop ins weite, unendliche Universum hinaus. Auch wissenschaftliche Untersuchungen zeigen eine intensive positive Wechselwirkung zwischen der Gelassenheit und der Betrachtungsweise der Welt und des Lebens in einem sehr weiten Horizont. Wir werden da gelassen, wo wir weiter blicken, den Alltag und die momentane Lage, das Heute, Gestern und Morgen, die Familie, das Dorf und das Land in einen größeren Kontext stellen.

Loslassen gelingt auch, indem wir unsere eigene Biografie und die Weltgeschichte in den Blick nehmen und die Erfahrung machen, dass es das Schicksal in den meisten Fällen gut mit uns meint:

»Beim Loslassen hilft mir die Erfahrung und das Wissen, dass es bisher immer geklappt hat – so nach dem Motto: Es ist noch immer jeden Tag eine Zeitung erschienen.« (Redakteur, 38 Jahre)
»Lange Jahre war das Loslassen höchstens mit einem Joint möglich. Mit zunehmendem Alter denke ich immer häufiger: Die Welt geht nicht unter!« (Journalist, 57 Jahre)
»In sich selbst zu ruhen und zu wissen, dass man ähnliche Situationen in der Vergangenheit schon gemeistert hat, hilft mir loszulassen und auch unter Anspannung die Balance zu halten.« (Leiter eines Hilfswerks, 52 Jahre)

Beruf und Privatleben trennen
»Ich lasse los, indem ich Beruf und Privatleben klar trenne und daheim konsequent nie arbeite.« (Mann, 43 Jahre)

Manchmal fällt es mir nach einem intensiven Seminar oder einer aufwühlenden Sitzung oder Beratung schwer, am Abend daheim innerlich voll anzukommen. Sehr wohltuend und hilfreich empfinde ich darum den Spaziergang vom Büro oder vom Bahnhof nach Hause.

Gebet und Gottvertrauen
»Ich kann leichter loslassen, wenn ich mir bewusst mache, dass ich von Gott gehalten und geführt werde in allen Situationen.« (Care-Team-Leiter, 48 Jahre)
»Der Glaube an einen Sinn hinter allem hilft mir loszulassen und Ruhe zu finden, auch wenn sich dieser Sinn mir im Moment nicht unbedingt erschließt. Ich spüre ein Urvertrauen in etwas, das größer ist als alles.« (Redakteurin, 49 Jahre)

Der Bezug zu einer transzendenten Kraft, die die meisten Gott nennen, hilft vielen zu relativieren und loszulassen. Eine Bekannte wirkte in den 80-er und 90-er Jahren am UNO-Hauptsitz von New York. Die fromme Frau lockte oft hohe Politiker und Diplomaten vor schwierigen Gesprächen in den Stilleraum, den der ehemalige Generalsekretär und Mystiker Dag Hammarskjöld im Eingangsbereich bauen ließ. Und war überzeugt, dass mache eskalierten Situationen zwischen Kriegsparteien dadurch positiv beeinflusst wurden.

Reflexion und Planung

»Loslassen und Abstand gewinnen kann ich durch regelmäßige Reflexion. Ich versuche zu differenzieren, wofür ich wirklich verantwortlich bin und wofür nicht. Und versuche Dinge zu priorisieren nach Wichtigkeit und Dringlichkeit.« (Hotelière, 38 Jahre)
»Ich versuche durch langfristiges Planen loszulassen und Stresssituationen vorzubeugen.« (Redakteur, 55 Jahre)

Der abendliche Tagesrückblick schließt nicht aus, dass wir auch in größeren Abständen eine gründliche Standortbestimmung vornehmen. Zu Beginn des Kalenderjahres und zu Beginn der Sommerferien biete ich jeweils Kurse im Bereich Standortbestimmung an. Auf diese Weise kann ich mich auch im eigenen persönlichen Bereich mit Dingen konfrontieren, die ich nicht oder nur mühsam loslassen kann und die mich daran hindern, ganz im Hier und Jetzt zu leben und mich zu öffnen für Neues.

Tiere

»Mein Hund hilft mir loszulassen und ist für mich ein wichtiger Kraftspender: Das Tier ist in seinen Gefühlen unverfälscht, spürt viel und zeigt die für die Situation angemessene Reaktion, ohne Worte.« (Politikerin und Hilfswerkleiterin, 57 Jahre)

Persönlich habe ich kein intensives Verhältnis zu einem Tier und es wäre eine Quälerei, wenn ich in der kleinen Wohnung und bei den vielen Abwesenheiten eines halten würde. Ich weiß aber von vielen Bekannten, dass Tiere gerade in Krisenzeiten treuer, näher und hilfreicher sein können als Verwandte und Bekannte, Therapeuten und Seelsorgerinnen. Freundinnen, deren Männer und Väter sich umbrachten, überlebten psychisch vor allem wegen ihrer Hunde, Katzen und Pferde und konnten dank der Vierbeiner leichter loslassen.

Aufräumen, ordnen

Loslassen ist vor allem ein innerer Prozess. Weil das Innen und Außen aber stark korrespondieren, kann es sehr hilfreich sein, in Situationen, wo wir emotional etwas oder jemanden loslassen müssen, auch in unseren Siebensachen mal wieder Ordnung zu schaffen. Dieses Bedürfnis spüre ich jeweils speziell, wenn nahe Bekannte sterben. Gerade weil ich dann erlebe, dass wir am Ende nichts Materielles mit auf den weiteren Weg nehmen können, werfe ich dann jeweils einen kritischen Blick in meine Kleider- und Bücherregale und miste großzügig aus.

Rituale

> »Eigentlich nützt bei mir nur eine Kirche und allenfalls ein Gottesdienst, bei dem ich mich innerlich voll hingeben kann.« (Politikerin, 45 Jahre)

Rituale sind optimale Loslasshilfen. Nicht umsonst werden sie überall dort eingesetzt, wo es um Lebensübergänge geht. Bei der Taufe des ersten Kindes lassen die Eltern die traute Zweisamkeit los. Bei der Hochzeit lassen wir das Single-Leben los. Bei der Beerdigung lassen wir unsere Eltern oder Freunde weiter ziehen. Bei runden Geburtstagen verabschieden wir uns von der verlebten Zeit. Rituale verdichten und beschleunigen den Prozess des Loslassens mit feierlichen Symbolen. Zunehmend werden auch Trennungen und Scheidungen mit Ritualen verbunden, weil sie das Erlebte würdigen und somit das Freiwerden von Vergangenem ermöglichen und das Einlassen auf Neues erleichtern. Es freut mich auch, wenn Eltern ihren Kindern eine rituelle Kompetenz vermitteln. Durch das abendliche Singen, Erzählen und Beten am Bett lernen Kinder regelmäßig loszulassen.

Verzeihen

> »Verzeihung ist der Weg zum Loslassen, zur Zufriedenheit und zur inneren Ruhe.« (Mann, 60 Jahre)

Wir können nur loslassen, was wir würdigen. Anderes kommt durch die Hintertür wieder in unsere Köpfe und Herzen herein. Jugendliche werden umso eher wie ihre Eltern, je mehr sie diese ablehnen und bewusst anders werden wollen. Je schlechter wir unsere Ex-Partner und Partnerinnen machen, umso mehr Raum nehmen sie in unseren Gedanken ein. Vergebung, Verzeihung und Versöhnung ist nicht nur ein religiös-moralischer Akt und der Weg zur Heilung innerer Wunden, sondern vor allem der notwendige Schritt des Loslassens der eigenen Opferrolle und des Zurückfindens in die aktive und selbstverantwortete Gestaltung unseres Lebens.

Gedankenkontrolle und Neuorientierung

»Manchmal lenke ich mich absichtlich ab — habe das allerdings nur bei Liebeskummer so gemacht.« (Frau, 37 Jahre)

»Innere Ruhe kann ich finden, wenn ich an Bergerlebnisse und Griechenland-Ferien denke.« (Redakteur, 38 Jahre)

»Um auch in einer Krise oder Spannung loslassen und mich innerlich distanzieren zu können, erinnere ich mich an eine kompetente Person und überlege, wie sie wohl in dieser Situation handeln würde.« (Frau, 37 Jahre)

Gerade in leidvollen Situationen oder Krisen ist es sinnvoll, uns mit Imaginationsübungen und positiven Gedanken auf andere Themen zu fokussieren. Am Anfang geht es vielleicht mehr um ein Ablenken, mit der Zeit aber bildet das Steuern unserer Gedanken und Gefühle die Grundlage für eine neue Sichtweise und Orientierung.

- Wo und wann lebe ich aus der Fülle heraus? Wann und wo fehlt mir nichts zum Glück?
- Was will, kann oder muss ich loslassen, damit ich erfüllt und frei leben kann? (Beispiele: Materielles, Menschen, Vergangenes, Unverarbeitetes, Unerledigtes, Ideale, fixe Bilder und Ansichten, Verletzungen, Opfer-Täter-Rollen, unerfüllte Wünsche sowie das eigene Ego)
- Welche Wege und Methoden des Loslassens kenne ich bereits und wende sie erfolgreich an? Welche Hilfen möchte ich einmal ausprobieren? (Beispiele: Natur, Bewegung, Schreiben, Meditation, Gebet, Pausen, Gespräche, Kunst, Vertrauen ins Leben, Rituale, Versöhnung)
- Wofür möchte ich loslassen – zu welchem Ziel?
- Was brauche ich, um loslassen zu können?
- Was oder wen will ich bewusst nicht loslassen, aber ihm oder ihr einen neuen bzw. anderen Platz in meinem Leben zuordnen?
- Welcher größere Lebensübergang steht bei mir in den kommenden Monaten oder Jahren an? Und wie will und kann ich diesen rituell gestalten?

Die »rechte« Sorge und Sorglosigkeit

Es ist kein Unterschied
zwischen einer falschen und richtigen Sorge –
die Sorge an sich ist falsch.
Peter Handke (Schriftsteller, *1942)

Trauer über Vergangenes breche nicht dein Herz,
Ärger über Aktuelles trübe nicht deine Seele,
Sorge über Künftiges zerbreche nicht deinen Kopf.
L.N.

Ein großer Teil der Sorgen
besteht aus unbegründeter Furcht.
Jean-Paul Sartre (Philosoph und Dramatiker, 1905–1980)

Du kannst dir Sorgen machen, bis du davon tot umfällst.
Oder das bisschen Ungewissheit genießen.
Norman Mailer (Schriftsteller, 1923–2007)

Welche Sorge ist gut, recht und richtig? Welche ist falsch,
unnötig und überflüssig? Welche Sorge um die Zukunft ist legitim und notwendig, welche ist übertrieben? Und warum?
Oder sind wirklich alle Sorgen falsch? Sind es die Dinge und
Fakten selbst, die uns beunruhigen, oder sind es vielmehr
die Gedanken darüber mit allen Fantasien und Befürchtungen? Nach welchen Kriterien sind Sorgen oder Sorglosigkeit
sinnvoll oder unnötig? Eine befreundete Drehbuchautorin
schreibt:

»*Wenn mir etwas Sorgen bereitet, hilft mir zunächst das Unterscheiden zwischen den Fakten (›Was ist tatsächlich vorgefallen?‹) und der Story (›Wie deute ich es? Was vermute, meine und fühle ich auf Grund meiner bisherigen Erfahrungen?‹).*«

Eine spezielle »worrying-Forschung« untersucht, was uns Menschen Sorgen bereitet. Diese Forschung erfolgt wohl nicht zuletzt deshalb, weil unsere Sorgen die Basis bilden für Werbestrategien von Unternehmen und politischen Parteien. Die Schweizer Großbank Credit Suisse führt seit 35 Jahren eine jährliche Umfrage bezüglich unserer Sorgen durch und publiziert die Resultate jeweils in einem nationalen Sorgenbarometer. Für das Jahr 2010 machten sich 76% der befragten Personen Sorgen bezüglich Arbeitslosigkeit. 45% der Befragten sind bekümmert wegen ihrer Altersvorsorge. 41% machen sich Sorgen um den Zustand des Gesundheitswesens, das immer teurer wird und die Prämien steigen lässt. 37% sorgen sich um die soziale Sicherheit, 31% sind besorgt wegen der hohen Anzahl Ausländer im Land. Um die persönliche Sicherheit machen sich 28% der Befragten Sorgen, um den Umweltschutz 18% und um die Zukunft der Energie 11%. Aufschlussreich sind Vergleiche zu den Vorjahren. Im Jahr 2004 machten sich nur 22% der Befragten Sorgen um das Gesundheitswesen (heute 41%) und nur 19% um die Arbeitslosigkeit (heute 76%). Das Sorgenbarometer zeigt auch auf, dass wir uns auf allen Ebenen des Lebens Sorgen machen. Diese Tatsache bestätigen auch die folgenden Zeugnisse der von mir Befragten.

Privatbereich: Partnerschaft, Familie, Freunde

»Ich habe schlaflose Nächte, wenn es jemandem, der mir nahe steht, schlecht geht.« (Mann, 49 Jahre)

»Ich mache mir Sorgen, wenn in der Partnerschaft längere Zeit Funkstille herrscht.« (Frau, 49 Jahre)

»Schlaflose Nächte erlebte ich, als ich mich vor einigen Jahren in einen anderen Mann (nicht meinen Ehegatten) verliebte.« (Frau, 42 Jahre)

»Oft beschäftigt mich, ob noch genügend Zeit für meine Projekte übrigbleibt.« (Frau, 36 Jahre)

»Gehe ich wirklich den richtigen Weg? Diese Frage bereitet mir häufig Sorgen.« (Frau, 37 Jahre)

»Meine größte Sorge ist, dass ich mein Leben vergeude, sprich, dass ich mein Leben mit oberflächlichen Beschäftigungen vertue, statt achtsam und wesentlich zu leben.« (Frau, 41 Jahre)

»Ständig sorge ich mich um meine Zukunft, obwohl mir immer wieder gezeigt wird, dass alles gut ist.« (Frau, 33 Jahre)

»Momentan bereitet mir mein demenzkranker Vater große Sorgen bzw. meine Beziehung zu ihm. Er entgleitet uns und ich kann die wachsende emotionale Distanz nicht mehr schmälern.« (Frau, 36 Jahre)

»Oft mache ich mir Sorgen, wie sich wohl meine Kinder später entwickeln werden und wie ihr Lebensweg aussehen wird.« (Frau, 46 Jahre)

Arbeit und Finanzen

»In der Ausbildungszeit bereitete mir das leere Bankkonto jeweils schlaflose Nächte, heute sind es eher Personalprobleme am Arbeitsplatz.« (Frau, 34 Jahre)

»Sorgen macht mir die Frage, wie ich tatsächliche finanzielle Abhängigkeiten wieder los werde.« (Frau, 45 Jahre)

Menschheit und Umwelt

»Die Reichen werden immer reicher und die Armen immer zahlreicher und ärmer. Sorgen bereitet mir, wie Menschen mit unserem Planeten umgehen.« (Mann, 49 Jahre)

»Sorgen bereitet mir die Vorstellung, was mit zunehmender Umweltzerstörung auf die nachfolgenden Generationen zukommen wird.« (Frau, 48 Jahre)

»Ich mache mir Sorgen um die Fremdenfeindlichkeit und die Islamophobie in Europa.« (Mann, 60 Jahre)

»Ich weiß nicht, was in 10-20 Jahren von der christlichen Kultur in unserem Land noch übrig bleiben wird. Das bereitet mir Sorgen, weil die Alternative meistens nicht humanitäre ethische Werte sind, sondern Geld, Konsum und Leistung bis zum Umfallen.« (Mann, 51 Jahre)

»Ich finde es eine Bankrotterklärung unserer reichen Gesellschaften, dass der Hunger in vielen Teilen der Welt noch nicht überwunden ist. Unser zunehmender Egoismus ist Gift für den gesellschaftlichen Zusammenhalt.« (Mann, 71 Jahre)

Welche Sorgen sind sinnvoll und legitim, welche unnötig und überflüssig? Und warum? Alle vier Ausprägungen der Sorge beziehungsweise Sorglosigkeit sind uns vertraut und verdienen eine kurze Betrachtung.

gute Sorge:
Verantwortung, Mitgefühl, Prävention, Tat

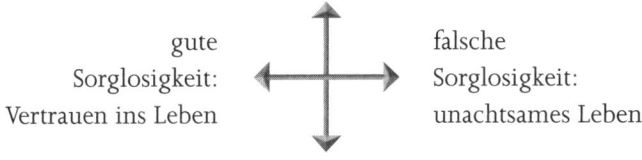

gute
Sorglosigkeit:
Vertrauen ins Leben

falsche
Sorglosigkeit:
unachtsames Leben

falsche Sorge:
negative Fantasien: »Was wäre, wenn ...?«

Oft fällt es uns schwer zu beurteilen, ob unsere Sorge oder Sorglosigkeit gut oder schlecht, richtig oder falsch ist:

»Meine Sorglosigkeit ist manchmal vielleicht etwas naiv, weil ich den Menschen und die Welt so positiv und optimistisch sehe und weniger auf Konfliktsituationen schaue. Ich weiss oft nicht, ob dies ein Ausdruck von Vertrauen ist oder ein Verdrängen der Wirklichkeit.« (Frau, 41 Jahre)

Ob unsere Sorgen objektiv begründet oder unbegründet waren, können wir ohnehin meistens erst im Nachhinein beurteilen. Die gute oder richtige Sorge um uns und die Welt ermöglicht immerhin präventives Handeln:

»Dass wir eines Tages unsere Arbeitsstelle verlieren, ist für viele eine wenig berechtigte und nötige Angst. Dennoch leiden viele daran. Berechtigt und nötig sind Sorgen, wenn sie sich später bewahrheiten und wir dank ihnen nicht ungebremst aus heiterem Himmel auf den Boden einer schmerzlichen Realität aufschlagen.« (Frau, 49 Jahre)

Durchgekurte Unbekümmertheit

Negative oder verantwortungslose Sorglosigkeit erkennen wir bei anderen meistens leichter als bei uns selbst:

>»Negative Sorglosigkeit im Sinn von Gleichgültigkeit stelle ich in politischen und wirtschaftlichen Belangen fest, die ich nur vom Hörensagen kenne.« (Frau, 44 Jahre)
>»Ich kann nur noch staunen, mit welcher Unbekümmertheit Manager Saläre in Millionenhöhe kassieren und sich nicht wie Räuber vorkommen gegenüber dem schlecht bezahlten Reinigungspersonal.« (Mann, 58 Jahre)
>»Sorglosigkeit als versteckte Gleichgültigkeit kommt für mich mit der Flucht vor der Realität gleich; etwas nicht wahrhaben wollen, wegstecken, nicht hinschauen, nicht annehmen wollen, nicht Anteil nehmen wollen oder können.« (Frau, 60 Jahre)

Gleich neben meinem Büro in Luzern stehen mehrere Container, in die man den Müll säuberlich getrennt entsorgen kann: Textilien, Karton, Papier, Batterien, Alu-Dosen, Bio-Müll, Pet-Flaschen sowie weißes, grünes und braunes Glas. Der Ausdruck »ent-sorgen« ist allerdings irreführend und verräterisch. Wir können weder den Müll noch uns selbst ent-sorgen. Im Gegenteil: Gerade unser Müll, unsere Wegwerfmentalität und der achtlose Umgang mit nichterneuerbaren Energien ist Grund zu echter Sorge. Am wenigsten lässt sich Atom-Müll ent-sorgen. Das Lagern radioaktiver Abfälle ist vielmehr der extremste Ausdruck negativer Sorglosigkeit. Gerade in Berufen mit hoher Verantwortung ist eine unbekümmerte Sorglosigkeit fehl am Platz. Die Operationsassistentin muss genau wissen, ob noch eine Schere im Bauch des Patienten liegt. Und die Pilotin muss alle Checks vor dem Start peinlich genau ausführen. Und auch in Ehe und Partnerschaft sowie in der Erziehung der Kinder kann die unbekümmerte Sorglosigkeit verheerende Folgen haben. Wer Spannungen und wachsende Entfremdung nicht wahrnehmen will und Probleme verdrängt, lässt die Beziehung schlittern und erlebt mit ziemlicher Sicherheit eines Tages ein böses Erwachen.

Vertrauende Hingabe

»Positive Sorglosigkeit erlebe ich in innigen Momenten in der Partnerschaft, wenn ich mich ohne Einschränkung gehen lassen kann und ein Urvertrauen in den Partner und das Leben spüre.« (Frau, 60 Jahre)

»Was mein eigenes Schicksal betrifft, welchen Menschen ich begegne, welche Aufgaben beruflich und privat an mich herantreten, meine materielle Sicherheit, da bin ich ohne Sorge und vertraue darauf, dass sich alles gut entwickelt und dass auch aus schwierigen oder schmerzhaften Erlebnissen Gutes wächst.« (Frau, 47 Jahre)

»Sorglosigkeit ermöglicht mir einen freien, uneingeschränkten Sinn für das Schöne des Moments, eine ganzheitliche Ent-spannung. Wenn ich also ganz im Jetzt bin, es von Gedanken ungestört erleben kann, dann ist das Ausdruck für mein Vertrauen ins Leben, denn ich bin in diesem Moment ›ungewappnet‹ (wie die Engländer sagen ›with my defenses down‹) gegen den Unbill des Lebens.« (Frau, 49 Jahre)

»Positive Sorglosigkeit kenne ich als weise Heiterkeit und Vertrauen ins Leben. Nicht das Vertrauen, dass es ›gut rauskommt‹, sondern in die Liebe und Weisheit, wissend und hoffend, dass es Wege und Lösungen gibt, um Leiden zu wandeln sowie Freude und Befreiung zu realisieren.« (Frau, 41 Jahre)

»Positive Sorglosigkeit erlebe ich in der Offenheit, mit der ich auf Unbekannte und Unbekanntes zugehe oder auch in der schnellen Verwirklichung von Ideen und Plänen. Dadurch gerate ich nicht in die Lethargie und Inflexibilität, die ich bei vielen Mitmenschen beobachte.« (Frau, 34 Jahre)

Problemverliebtes Grübeln

Nicht wenige Zeitgenossen zerbrechen sich nächtelang den Kopf und wärmen die Fehler und Verletzungen der Vergangenheit zum x-ten Mal auf. Oder sie liegen wach, weil sie die Zukunft für bedrohlich halten und sie sich permanent fragen, wie wohl der Chef morgen oder nächste Woche reagieren wird oder wie die Prüfungsresultate ausfallen werden. Eine Seminar-Teilnehmerin erzählte mir einmal von ihrer jahrelangen Schlaflosigkeit. Nachts liege sie meistens stundenlang wach, wenn ihre Kinder schulische Schwierigkeiten oder Beziehungsprobleme haben, krank oder verunfallt seien, wenn der Vorgesetzte sie in der Firma kritisiert habe oder wenn die Tagesschau von einer Überschwemmung in einem fernen Kontinent berichte. Und sie gab auch offen zu, dass die vielen schlaflosen Stunden und Nächte weder ihr noch sonst jemandem je geholfen hätten und dass das Wasser in den Flüssen trotz ihrer unzähligen Gedanken, Fantasien und Ängsten genau gleich weitergeflossen sei.

Psychologische Studien unterscheiden zwischen zwei Formen des Sorgenmachens – eine, die uns in unseren Unternehmungen lähmt, und eine, die als Motivation für ein sorgfältiges und aufmerksames Wirken dient. Wer in der Kindheit das Grundgefühl von Sicherheit kaum erleben durfte, entwickelt später wohl eine stärkere Neigung zu unnötigem sich Sorgen machen – tagsüber wie des Nachts. Dieses Grübeln und Problematisieren lähmt und ist nur selten lösungs- und handlungsorientiert. Es gibt auch Problemverliebte, die oft und gern am Stammtisch oder in Leserbriefspalten über alles, was schlecht läuft in der Welt, hitzig diskutieren oder viel Zeit mit hypothetischen Problemen vertrödeln. Meistens aber bleibt es beim Reden und Jammern.

Vom Mitgefühl zur Tat

»Dort, wo ich etwas gegen Leiden und Missstände unternehmen kann, erlebe ich meine Sorgen als berechtigt.« (Mann, 71 Jahre)
»Besorgt sein um oder für etwas oder jemanden, bringt nur etwas, wenn ich es mit Anteilnahme verbinden kann. Und Anteilnahme rechtfertigt sich nur da, wo ich bereit bin, wirklich jemanden oder etwas mitzutragen.« (Frau, 59 Jahre)
»Unproduktiv empfinde ich Sorgen, Grübeleien und Spekulationen, die nirgends hinführen, sondern in denen ich mich verliere – etwa Fragen wie ›Wie wird es mir in einigen Jahren gehen?‹ oder ›Warum tun die Regierungen nichts gegen dieses oder jenes Problem?‹ Sorgen dagegen, die im Sinne von Für-Sorge und Vor-Sorge dazu führen, dass ich mich um das Wohlergehen von anderen Menschen oder Lebewesen kümmere und hier und jetzt entsprechend handle, helfen mir, Mitgefühl zu entwickeln. Die Gedanken drehen sich dann viel mehr um pragmatische Fragen wie: ›Was kann ich jetzt konkret tun?‹.« (Frau, 41 Jahre)

Das rechte oder richtige, sinnvolle oder gute sich sorgen zeichnet sich dadurch aus, dass wir nicht nur nächtelang Gedanken wälzen und herumanalysieren, uns unseren diffusen Ängsten hingeben und dadurch gelähmt werden, sondern dass wir uns innerlich ergreifen lassen vom Leiden in uns und in der Welt, nach den tieferen Gründen des Leidens fragen und von dort her Schritte zum Handeln überlegen und tun. Das Sorgenmachen ist überall dort sinnvoll und nützlich, wo es zu präventivem Denken und proaktivem Handeln führt. Darum hege ich jeweils stille Zweifel, wenn ich höre, wie sehr sich Menschen um dieses und jenes »sorgen«. Wer sich echte Sorgen um seine Gesundheit macht, hört konsequenterweise mit dem Rauchen auf. Wer sich wirklich um die Umwelt sorgt, fährt nicht Auto, heizt nicht mit Öl und verreist nicht per Flugzeug in die Ferien. Wenn laut Sorgenbarometer drei von vier Personen tatsächlich Kummer spürten bezüglich Arbeitslosigkeit, würden wir mit vereinten Kräften für eine Vollbeschäftigung und für ein garantiertes Grundeinkommen kämpfen. Wenn fast jeder Zweite echt bekümmert wäre wegen seiner Altersvorsorge, würden wir Rentenkürzungen mit allen Mitteln verhindern. Und wäre die Besorgtheit über die Kostenexplosion im Gesundheitswesen bei über 40% der Bevölkerung wirklich seriös, dann müssten wir von heute auf morgen konsequenterweise auf lebensverlängernde Maßnahmen verzichten. Viele Zeitgenossen sagen, dass sie sich ständig um die Zukunft sorgen, haben aber weder eine Vorsorge-Vollmacht noch eine Betreuungsverfügung, einen Organspende-Ausweis, ein Testament oder Hinweise bezüglich ihrer Beerdigung verfasst und leicht auffindbar deponiert.

Die gute oder sinnvolle, rechte oder richtige Sorge ist schließlich jene, die wie die Gelassenheit dem Ziel dient, immer freier und wesentlicher zu werden. Eine der provokativsten Szenen der Weltliteratur beschreibt der Evangelist Lukas im 12. Kapitel. Jesus spricht zu seinen Freunden wie folgt: »Sorgt euch nicht um euer Leben und darum, dass ihr etwas zu essen habt, noch um euren Leib und darum, dass ihr etwas anzuziehen habt. Das Leben ist wichtiger als die Nahrung und der Leib wichtiger als die Kleidung ... Wer von euch kann mit all seiner Sorge sein Leben auch nur um eine kleine Zeitspanne verlängern? Wenn ihr nicht einmal etwas so Geringes könnt, warum macht ihr euch dann Sorgen um all das übrige? Darum fragt nicht, was ihr essen und was ihr trinken sollt, und ängstigt euch nicht! Euch muss es um das Reich Gottes gehen.« (Lk 12,11–31; Auszüge)

Jesus plädierte in dieser Szene nicht für eine billige Gelassenheit oder eine unbekümmerte Sorglosigkeit im Sinne von: »Lebt in den Tag hinein und überlasst alles Gott.« Vielmehr kämpfte er dafür, dass wir uns immer wieder neu auf das Wesentliche im Leben ausrichten. Die Sorge um das »Reich Gottes« bedeutet für ihn konkretes Engagement für Liebe, Frieden und Gerechtigkeit – nicht im fernen Jenseits, sondern hier und heute! Alles andere ist sekundär für das Gelingen unseres Lebens.

- Welche Sorge halte ich für richtig und wichtig?
- Welche Sorge bleibt meistens ein Grübeln, welche führt jeweils zur Tat?
- Welche Sorglosigkeit erlebe ich als Vertrauen ins Leben, welche als verantwortungslose Gleichgültigkeit?

Heute leben und ganz handeln

Lebe heute,
vergiss die Sorgen der Vergangenheit.
Epikur von Samos (Philosoph, 341–270)

Das größte Hindernis des Lebens ist die Erwartung,
die sich auf den nächsten Tag richtet
und das Heute verliert.
Seneca (Philosoph und Staatsmann, 1–65)

Sorgt euch also nicht um morgen;
der morgige Tag wird für sich selbst sorgen.
Jeder Tag hat genug eigene Plagen.
Bibel, Matthäus-Evangelium 6,34

Wenn ich wüsste, dass morgen die Welt unterginge,
würde ich heute noch ein Apfelbäumchen pflanzen.
Martin Luther (Reformator, 1483–1546)

Ich sorge mich nicht um die Zukunft.
Sie kommt früh genug.
Albert Einstein (Physiker, 1879–1955)

Gelassen leben können wir nur, wenn wir uns weder von der
Vergangenheit noch von der Zukunft dominieren, drängen,
behindern, verunsichern und lähmen lassen. Was nicht leicht-
fällt. Verschiedene Studien bestätigen, dass sich 50% unserer
Sorgen auf Zukünftiges beziehen, 20% auf Vergangenes und

lediglich 30% auf die Gegenwart. Dies bestätigen auch die folgenden Aussagen:

»Es ist wohl eine Frage des Alters: In jungen Jahren träumt man mehr von der Zukunft, im mittleren Alter lebt man mehr im Hier und Jetzt. Und im Alter wirft man den Blick vermehrt zurück.« (Mann, 71 Jahre)

»Leben im Hier und Jetzt gibt es für mich nur in der Meditation.« (Mann, 48 Jahre)

»Zukunftsängste hindern mich an meiner Entwicklung, sie nehmen mir den Mut für gewagte Entscheidungen, auch wenn ich von Veränderungen träume.« (Frau, 36 Jahre)

»Die Besinnung auf den Moment ist eine meiner schwierigsten Übungen, da ich vor meinen Zukunftsängsten gern in die Vergangenheit flüchte, in der es keine bösen Überraschungen mehr geben kann.« (Frau, 49 Jahre)

»Meine Zukunfts- und Existenzängste betreffen nicht mal primär meine Person, sondern die Generationen vor mir, speziell das Sicherheits-Thema der Kriegs-Generation.« (Frau aus Hamburg, 50 Jahre)

»Hier in China schätze ich, dass die Arbeit und die meisten Themen ganz auf die Zukunft gerichtet sind, während sie sich in Europa mehr an den wunderschönen Bauwerken und Institutionen aus den letzten Jahrhunderten orientieren.« (Mann, 53 Jahre)

»Zukunftsängste in Bezug auf die finanzielle Existenz und Unabhängigkeit waren groß und haben mein Weiterkommen lange behindert.« (Frau, 39 Jahre)

Manche Philosophinnen und Dichter, Mystikerinnen und Heilige bezeugen, dass erfülltes Leben darin besteht, ganz im Hier und Jetzt zu leben. Das schließt nicht aus, dass wir geschichtlich denken und unsere Zukunft planen. Auch über das Leben im Hier und Jetzt stammt einer der provokativsten Texte der Weltliteratur aus den neutestamentlichen Evangelien, genauer aus dem 10. Kapitel von Lukas. Jesus kehrte bei seinen Freundinnen Maria und Marta in Bethanien nahe Jerusalem ein. Maria setzte sich zu Jesus und hörte Jesu Worten zu, während Marta in der Küche herumlief und das Essen zubereitete. Eigentlich hätte Marta auch bei Jesus sitzen wollen und beklagte sich deshalb bei Jesus über ihre Schwester: »Kümmert es dich nicht, dass meine Schwester die ganze Arbeit mir allein überlässt? Sag ihr doch, sie soll mir helfen!« Jesus aber reagierte ungewohnt und provokativ: »Marta, Marta, du machst dir viele Sorgen und Mühen. Aber nur eines ist notwendig. Maria hat das Bessere gewählt, das soll ihr nicht genommen werden.« In dieser Szene saß Maria »nur« da und hörte zu. In einer anderen Szene war sie es, die den Haushalt besorgte, Jesus wusch und salbte. Was sie tat, tat sie ganz – nach der Devise von Teresa von Ávila: »age quod agis«. Marta hatte wohl wie manche von uns heute nicht den Mut, ihre Bedürfnisse klar zu formulieren und dann mit Herzblut das zu tun, wofür sie sich entschieden hat. Jesus wollte nicht plump sagen, dass Zuhören in jedem Fall besser sei als Haushalten. Ihm ging es vielmehr darum, dass die Menschen in der jeweiligen Situation das je Beste und Wesentliche mit ungeteilter Leidenschaft und Präsenz taten. Die Reaktion Jesu war aber auch darum provozierend, weil er Marta aufzeigte, dass sie sich nicht um

Maria kümmern sollte und darum, was diese zu tun und wie diese zu sein habe, sondern dass sie selbst möglichst authentisch leben soll.

Diese Geschichte macht deutlich, dass Gelassensein weitgehend darin besteht, in der jeweiligen Situation gut zu spüren, was gerade wichtig und wesentlich ist, und dies mit ungeteilter Aufmerksamkeit und Herzblut zu tun.

- Wie viele meiner Sorgen und Gedanken beziehen sich auf die Gegenwart und wie viele auf Vergangenheit und Zukunft?
- Was hilft mir, ganz im Hier und Jetzt zu sein?

Annehmen, verändern, beenden?

Der Narr tut, was er nicht lassen kann.
Der Weise lässt, was er nicht tun kann.
Chinesisches Sprichwort

Ob Pickel auf der Nase oder Polster an den Hüften, Überstunden im Büro oder Kratzer am Auto, nörgelnde Partnerin oder unordentlicher Gatte, Schlagzeug oder Trompete der Nachbarn, Unkraut im Garten oder Regengüsse aus dem Wolkenhimmel, religiöse Extremisten oder schmelzende Eisberge: In unserem Leben und auf dem Planeten stört, nervt und ängstigt uns vieles. Obwohl wir offenbar in der besten aller Welten leben, gibt es sowohl schicksalshafte als auch vermeidbare Situationen, die nicht nach unseren Wünschen und Plänen sind. Viele Streiche des Lebens, politische Ereignisse und gesellschaftliche Trends empfinden wir als unangenehm oder gar bedrohlich. Von zahlreichen Menschen und Situationen lassen wir uns tagtäglich die gute Laune und den inneren Frieden verderben – oder eben die Haltung der Gelassenheit.

In den folgenden zwei Kapiteln untersuchen wir, bei welchen Unannehmlichkeiten und Leiden im Leben unsere gelassene Einstellung, unser mutiger Widerstand, die verändernde Gestaltungskraft oder die radikale Trennung die richtige Lösung ist. Dabei stoßen wir wiederholt auf die Frage, ob und wieweit es heute überhaupt noch notwendig ist und wir fähig sind, Veränderbares und Unveränderbares zu unterscheiden. Denn wir leben in einer Zeit, wo vieles, was während Jahrtausenden in Stein gemeißelt schien, durch Bewusstseinsentwicklungen und technische Fortschritte veränderbar geworden und einem menschlichen Allmachtsdenken gewichen ist.

Den Ausgangspunkt unserer Überlegungen bildet das sogenannte *Gebet der Gelassenheit*. Es wird dem römischen Philosophen Boëthius (480–526) zugeschrieben. Weiter ausformuliert wurde es während des Zweiten Weltkriegs von dem deutsch-amerikanischen Theologen Reinhold Niebuhr (1892–1971). In den deutschen Sprachraum gelangte das Gebet durch den Religionspädagogen Theodor Wilhelm, der es unter dem Pseudonym Friedrich Christoph Oettinger publizierte. Die starke Verbreitung dieses Gebets hängt mit der Bewegung der Anonymen Alkoholiker zusammen, die es bei ihren Meetings jeweils gemeinsam sprechen.

Gott, gib mir die Gelassenheit,
die Dinge hinzunehmen,
die ich nicht ändern kann.

Verleih mir Mut,
die Dinge zu ändern,
die ich ändern kann.

Und schenk mir die Weisheit,
das eine vom anderen zu unterscheiden.

Dieses Gebet bringt das komplexe Thema Gelassenheit treffend auf den Punkt. Erstens geht es um unsere Fähigkeit, mit
dem Unvermeidbaren konstruktiv zu kooperieren. Zweitens
verlangt ein Leben in Verantwortung, dass wir uns angstfrei
gegen vermeidbares Leiden und Unrecht in der Welt erheben
und es zu wandeln versuchen. Und drittens sind wir permanent gefordert, die richtige Strategie herauszufinden und zu
wählen. Das Gebet bietet grundsätzlich zwei Alternativen an:
Akzeptanz oder Veränderung. Unser urmenschliches Dilemma
und der Grund unseres Unglücks besteht oft darin, dass wir
die Dinge ändern wollen, die nicht in unserer Macht stehen,
während wir jene Leiden nicht ändern, die durchaus in unserem Verantwortungsbereich lägen.

Ich möchte neben diesen beiden Wahl- und Handlungs-
alternativen bewusst eine dritte Option ergänzen, nämlich die
versöhnte Trennung von einem System, das sich nicht verändern lässt oder lassen will. Wo immer wir Leiden, Druck und
Unannehmlichkeiten begegnen, haben wir also – meistens –

die Wahl: to bear, to change or to leave (aushalten, verändern oder weggehen). Und die Praxis der Annahme und Akzeptanz beginnt bereits damit, dass andere Menschen sich anders verhalten bezüglich Aushalten, Verändern und Weggehen.

Diese dritte Option wählte ich vor vier Jahren, als ich nach 22 Jahren aus dem Jesuitenorden austrat. Vor dieser Entscheidung hatte ich mir x-fach überlegt, ob ich mich neu motivieren sollte und könnte innerhalb meiner damaligen Tätigkeit und der Gemeinschaft oder ob ich innerhalb des Ordens eine Veränderung vornehmen könnte und sollte. Denn die Arbeit bereitete mir Freude, ich konnte sie mit anderen spannenden Tätigkeiten verbinden. Und auch ein Wechsel nach Berlin in die Flüchtlingsarbeit hätte mich gereizt. Doch ich entschied mich zum Verlassen des Systems, da der Orden an dem Punkt, der mir sehr wichtig war (Leben in einer transparenten Liebesbeziehung), sich auch in 100 Jahren nicht ändern würde.

- Übung: Auf der folgenden Seite sind in der linken Spalte verschiedene Lebensbereiche aufgeführt. Fragen Sie sich, ob Sie in bestimmten Bereichen Anlass für eine Veränderung spüren, sei es negativ wegen Druck und Überforderung, sei es positiv wegen innerem Feuer, extremer Anziehung oder Lust auf Veränderung. Notieren Sie sich die Impulse in den verschiedenen Lebensbereichen. Und dann prüfen Sie, mit welcher Strategie Sie auf diese Impulse reagieren wollen, können – oder müssen: to bear, to change or to leave?

Annehmen – verändern – beenden?

Wahrgenommener Impuls   *Mögliche Reaktionen*

Innen: Gedanken,
Gefühle, Triebe

> **to bear**
> Kooperation mit dem
> Unvermeidlichen,
> kreativer Umgang,
> positive Einstellung

Partnerschaft/Ehe

Familie

> **to change**
> etwas innerhalb des
> Systems verändern,
> ehe das Leiden am
> Status quo größer
> wird als die Angst
> vor Neuem

Arbeit/Unternehmen/
Organisation

Vereine/Hobbys

Religion/Kirche

> **to leave**
> Trennung, Anpassung
> und Veränderungen
> unmöglich sind
> (möglichst würdigend
> und versöhnt)

Politik: Gemeinde/
Kanton/Staat

Globale Situation/
Umwelt

Mit Unvermeidbarem kooperieren

Das Geheimnis der Gelassenheit
ist das aus dem Herzen kommende
und uneingeschränkte Kooperieren
mit dem Unvermeidbaren.
Anthony de Mello (indischer Jesuit, 1931–1987)

Eine Legende berichtet von einem Wanderer, der eines Tages an einer Schafherde vorbeikam und den Schäfer fragte: »Wie wird das Wetter heute?« Dieser antwortete: »So, wie ich es gern habe.« »Woher weißt du, dass das Wetter so sein wird, wie du es liebst?« »Ich habe die Erfahrung gemacht, mein Freund, dass ich nicht immer das bekommen kann, was ich gerne möchte. Also habe ich gelernt, immer das zu mögen, was ich bekomme. Deshalb bin ich ganz sicher: Das Wetter wird heute so sein, wie ich es mag. Was immer geschieht, an uns liegt es, Glück oder Unglück darin zu sehen.«

Dieses Beispiel ist harmlos. Wenn es regnet, können wir zu Hause bleiben oder uns innerlich positiv darauf einstellen, einen Schirm aufspannen, unter dem Regen spazieren oder gar wie Gene Kelly im Film *I'm singin' in the rain* vergnügt pfeifen, singen und tanzen.

Wir kennen aber auch Situationen, wo uns das Annehmen des Schicksals extrem herausfordert, irreal erscheint oder objektiv unmöglich vorkommt. Als ich einen Kurs über Gelassenheit leitete, schilderte ein Mann seine Mühe, die 3-jährige autistische Tochter mit ihrem Schicksal voll und ganz akzeptieren zu können. Was sollte ich ihm raten? Abgeben und abschalten lässt sich ein Kind nicht. Und den lieben Gott ein Leben lang anzuklagen, hilft auch wenig.

Das Tier ist durch seine Instinkte weitgehend programmiert und hat nur eine beschränkte Freiheit zum Entscheiden und Handeln. Es braucht darum keine Gelassenheit, um mit jenen Situationen »fertig«zuwerden und konstruktiv umgehen zu können, die es nicht beeinflussen und ändern kann. Wir Menschen hingegen sind weitgehend freie und gestaltende Wesen. Darum tun wir uns schwer, wenn wir mit unserer Freiheit und dem Gestaltungsdrang an Grenzen stoßen und zu einem weisen Umgang mit unverfügbaren Situationen gezwungen werden. Ottfried Höffe drückt dies philosophisch so aus:

>> *Soll das Leben glücken, so braucht es ein paradoxes Können: Man muss imstande sein, etwas, das nicht in unserer Hand liegt, trotzdem in die Hand zu nehmen … Wer den Grenzen der Freiheit frei zustimmt und die freie Zustimmung zu einer Grundhaltung entwickelt, verfügt über die Tugend der Gelassenheit … Zwischen Erzwingen-wollen und Gefügigkeit, zwischen Aktivität und Passivität gestellt, besteht die Gelassenheit in der Bereitschaft, die natürliche Welt, die Mitmenschen, nicht zuletzt die eigene Person mitsamt der dazugehörigen Geschichte anzunehmen und sich trotzdem nicht als freie und schöpferisch handelnde Person aufzugeben. Man akzeptiert, dass das Leben sowohl unangenehme Überraschungen als auch nicht überraschende Unannehmlichkeiten wie das Altern bringt.«* (in: O. Höffe, S. 145)

Die geistig-seelische Haltung der Gelassenheit ermöglicht uns, mit unvermeidlichen Situationen im eigenen Leben und auf dem Planeten konstruktiv umzugehen und daraus das je Beste zu machen. Die Gelassenheit ermöglicht es uns auch, dass wir unsere Gestaltungskräfte nicht nur auf das Unveränderbare fokussieren, sondern auch und vor allem auf das Vermeidbare und Veränderbare.

Nicht nur einzelne Menschen gehen unterschiedlich souverän, reif, konstruktiv, kreativ und heiter mit Unvermeidbarem und Unveränderbarem um. Es gibt offensichtlich auch Gruppen und ganze Kulturen, die mehr Gelassenheit entwickeln als andere. Mit einer besonderen Heiterkeit scheinen die Rheinländer gesegnet zu sein. Diese kollektive Leichtigkeit des Seins lässt sich bereits unter der römischen Besatzung nachweisen. Einerseits führte der äußere Druck damals zum Karneval als Ventil, der bis heute lebendig geblieben ist. Und andererseits regelten die Belagerten am Rhein das Zusammenleben im sogenannten *Kölschen Grundgesetz* mit 11 Artikeln:

1. Et es wie et es. (Sieh den Tatsachen ins Auge)
2. Et kütt wie et kütt. (Fürchte die Zukunft nicht)
3. Et hätt noch immer jot jejange. (Hab Vertrauen aufgrund der Vergangenheit)
4. Wat fott es es fott. (Trauere nichts nach)
5. Nix bliev wie et wor. (Sei offen für Neuerungen)
6. Kenne mer nit, bruche mer nit, fott domet. (Sei kritisch gegenüber zu vielen Neuerungen)
7. Wat wellste maache? (Füge dich in dein Schicksal)

8. Mach et jot ävver nit ze off. (Überfordere dich nicht, achte auf deine Gesundheit)
9. Wat soll dä Quatsch? (Hinterfrage alles)
10. Drinkste ene met? (Pflege die Gastfreundschaft)
11. Do laachste dech kapott. (Bewahre den Humor)

Von der Geburt bis zum Tod ist unser Leben voller unplanbarer, unvermeidbarer und unveränderbarer Situationen, Momente und Überraschungen.

Erstens gibt es natürliche Unvermeidbarkeiten: Geburt, Herkunftsfamilie mit Eltern und Geschwistern, Rasse, Geschlecht und sexuelle Orientierung, Nationalität und Muttersprache, Kindheit, Tod der Eltern, Alter und eigener Tod.

Zweitens existieren persönliche Unvermeidbarkeiten, etwa Konsequenzen von Entscheidungen: eigene Kinder, Unfälle, Beziehungskrisen.

Und drittens erfahren manche auch soziale, politische, wirtschaftliche, kulturelle und ökologische Schicksale, die nicht zwingend unvermeidbar und naturgegeben sein müssen: Schulwechsel, Entlassungen, Finanzkrisen, Migration, Überschwemmungen, technische Veränderungen.

Selbstverständlich können wir versuchen, uns gegen all das Unerwünschte und Ungeplante in unserem Leben und in der Welt zu wehren. Meistens verschwenden wir dadurch aber sinnlos Energie und berauben uns der eigenen Zufriedenheit. Technisch können wir heute unser Leben von der Zeugung bis zum Tod manipulieren. In der hoch technisierten Welt ist die Grenze zwischen unvermeidbaren und veränderbaren Situationen unscharf geworden. Menschliches Leben können wir künstlich erzeugen, verlängern und verkürzen. Wenn wir mit unserem Körper nicht zufrieden sind, können wir sogar auf Kosten der Krankenversicherung Augenlider und Brüste straffen oder ein Magenband einpflanzen lassen. Das Geschlecht können wir auch operativ umwandeln lassen. Die Muttersprache der Eltern bedeutet auch nicht mehr zwingend, dass diese tatsächlich unsere Hauptsprache wird. Partner, Arbeitsstellen und Wohnorte können wir heute auch leichter ändern als früher, weil die Verbindung von Haus und Hof nicht mehr besteht und in der Regel beide Partner berufstätig und somit finanziell unabhängig sind. Und dem schlechten Wetter können wir in den Ferien mit dem Flugzeug leicht aus dem Weg gehen. Bei der Eröffnung der Olympischen Sommerspiele 2008 in Peking stand sogar eine Flotte von Kampfjets bereit für den Fall, dass es bei der Zeremonie geregnet hätte. Die Flugzeuge hätten westlich der Hauptstadt die vollen Regenwolken abgeschossen, um das Feuerwerkspektakel im Sportstadion nicht zu gefährden. Unvermeidlich bleibt heute eigentlich nur noch der eigene Tod, selbst wenn wir den Zeitpunkt rechtlich wie medizinisch nach vorn und hinten verschieben können.

In unserem westlichen Kulturkreis tun wir uns vor allem mit dem unvermeidbaren Älterwerden schwer und huldigen einem grenzenlosen Jugendkult. Es wirkt jeweils peinlich, wenn sich eine 60-jährige Frau wie ihre Tochter anzieht, wenn ein 70-jähriger Mann mit dem Kick-board auf dem Gehsteig vorbeiflitzt oder wenn ein mehrfach gelifteter Promi in der TV-Talk-Show alles »geil«, »cool« und »mega« findet. Es ist zu hoffen, dass die Würde des Älterwerdens sowie die Lust und Freude am Alter durch Bücher und Kurse in unserer

Zivilisation möglichst rasch zunehmen, da sich bald einmal die Hälfte unserer Bevölkerung im Seniorenalter befinden wird.

Wegen unseres oft totalen Machbarkeitsglaubens wäre eine Orientierung an den griechischen Philosophen und Dichtern hilfreich. Der stoische Philosoph Epiktet (50–138) vertrat die Forderung, die Dinge zu akzeptieren wie sie sind. Das klingt in manchen Ohren vielleicht nach falscher Gelassenheit im Sinn des passiven Fatalismus und löst bei uns innere Widerstände aus. Es geht der Stoa aber vielmehr darum, unsere innere Einstellung zum Leben und zum Schicksal zu hinterfragen. Unsere Denkmuster sind so programmiert, dass wir Gesundheit automatisch für besser und wertvoller halten als Krankheit, Reichtum erstrebenswerter als Armut, Schönheit attraktiver als Makel, Erfolg ethisch höher als Versagen. Die stoische Haltung plädiert für inneren Gleichmut, stellt darum unsere Werte-Programmierung in Frage und zieht das Leben dem Tode gerade nicht vor, die Gesundheit nicht der Krankheit, die Lust nicht dem Schmerz, die Schönheit nicht der Hässlichkeit, die Stärke nicht der Schwäche, den Reichtum nicht der Armut, den Erfolg nicht dem Versagen und die Ehre nicht der Schande.

Das Beste aus allem machen

In der stoischen Philosophie stehen nicht a priori gewisse Situationen und Zustände ethisch höher als andere. Vielmehr geht es in der Stoa darum, dass wir im Leben in und aus allen Situationen das Beste machen. Stoische Gelassenheit ist darum gerade kein passives Hinnehmen des Schicksals, sondern das aktive Ringen um die Akzeptanz der Realität bei gleichzeitiger Suche nach einem möglichst sinnvollen Umgang in und mit der jeweiligen Situation.

Immer mehr Menschen pendeln heute zu ihrer Arbeitsstelle und sind stundenlang unterwegs. »to bear« bedeutet in dieser Situation, dass wir nicht monate- und jahrelang über diese Situation jammern, sondern das Beste daraus machen. Ich kenne Menschen, die mit dem Auto jeden Morgen und jeden Abend eine Stunde im Stau stehen. Sie haben im Auto eine ganze Sammlung von Hör-CDs mit ihrer Lieblingsliteratur angelegt und nutzen diese Zeit bewusst zum Abschalten und zum geistigen Auftanken. Einige haben im Morgen-Stau richtige Frühstücks-Rituale entwickelt. Ich kenne aber auch Leute, die den langen Reiseweg nicht mehr wollten und eine Wohnung in der Nähe der Arbeitsstelle suchten.

Neue Ziele und Wege wählen

Der Stein hat keine Hoffnung,

etwas anderes zu sein als ein Stein.

Aber indem er sich mit anderen verbindet,

wird er zum Tempel.

Antoine de Saint-Exupéry (in: Die Stadt in der Wüste)

Der Neurologe, Psychiater und Begründer der Logotherapie, Viktor E. Frankl, verlor seine Eltern in Auschwitz, seine Frau im KZ Bergen-Belsen. Er selbst überlebte die Konzentrationslager von Theresienstadt, Auschwitz und Dachau. Seine Eindrücke und Erfahrungen in den Konzentrationslagern verarbeitete er in dem eindrücklichen Buch ... *trotzdem Ja zum Leben sagen* (Kösel-Verlag, München 2009). Darin vertritt Frankl die Überzeugung, dass Gelassenheit das Wissen sei, dass uns niemand die Freiheit nehmen könne, die darin besteht, dass wir unsere innere Einstellung zu dem, was geschieht, selbst wählen. Frankl spricht hier zweifellos von der höchsten Form der Gelassenheit. Sie mag vielleicht anpasserisch wirken, ist aber höchst subversiv, weil sie das höchste menschliche Gut, die Freiheit, gegen alle Widrigkeiten aufrechterhält.

Bereits im ersten Buchteil über das Leben im Hamsterrad habe ich den griechischen Helden Sisyphus erwähnt, der seiner stupiden Arbeit – den Felsbrocken auf den Berg zu bringen – ein neues höheres Ziel abgewinnen konnte. Wäre Sisyphus katholisch, müsste man ihn als Patron der Gelassenheit auf die Altäre erheben. Situationen, die an sich unvermeidlich und unveränderbar sind oder zumindest so erscheinen, ändern sich durch unsere innere Einstellung und durch das Setzen neuer und höherer Ziele.

Auch wenn uns keine Götter zwingen, Steine auf einen Felsen zu rollen, begegnen wir im Leben immer wieder unangenehmen Situationen, denen wir eine positive Wende verleihen können. Arbeitslosigkeit führt beispielsweise bei manchen Menschen zu Depression, Verzweiflung, Verlust des Selbstwertgefühls oder gar zu Suizid. Andere entdecken darin eine einzigartige und notwendige Chance, um für sich das zu entdecken, was wirklich ihrer eigenen Bestimmung entspricht und ihrem Leben Sinn schenkt. Auch Krankheiten und Unfälle führen bei den einen zum pausenlosen Jammern. Und andere finden darin einen tieferen Sinn und machen daraus das Beste. Ein spanisches Sprichwort sagt: »Wenn dein Haus in Flammen

steht, dann wärme dich daran.« Zugegeben, das ist Gelassenheit für Fortgeschrittene.

Es ist wie es ist

>Gelassenheit bedeutet für mich im Frieden sein mit dem Leben, wie
es sich mir gerade zeigt und entfaltet. Gelassenheit bedeutet nicht, dass
ich alles gutheiße, aber dass ich akzeptiere, dass das Leben jetzt so ist,
wie es ist, und dass ich die Bereitschaft aufbringe, mich damit un-
voreingenommen auseinanderzusetzen.« (Frau, 41 Jahre)

Die Konfrontation mit der Realität und das konstruktive
Kooperieren mit dem Unvermeidbaren klammern unsere
Trauer und Empörung oder auch Ohnmacht und Hilflosigkeit angesichts des Zustands der Welt oder der eigenen Biografie nicht aus. Die Frage nach dem Warum von Leid und
Schmerz, Gewalt und Ungerechtigkeit bleibt bestehen. Allerdings versuchen gelassene Menschen, sich nicht auf Negatives und Unveränderbares zu fixieren, sondern ihre Energie
auf die Gestaltung der Zukunft zu richten.

Glücklich ist,
wer vergisst,
was doch nicht zu ändern ist!

Diese Worte singt Alfred in Johann Strauß' bekannter Operette
Die Fledermaus. Diese Volksweisheit bedeutet nicht, dass wir
verdrängen müssen, was wir nicht ändern können, sondern
dass wir die Freiheit haben, unsere Gedanken da oder dorthin
zu steuern.

Welt im Wandel – Leben als Prozess

Annehmen, was nicht zu ändern ist, bedeutet letztlich, nicht nur uns selbst und unser Leben, sondern auch die konkrete Welt als die beste aller Welten zu erkennen und sie nicht nur in und wegen ihrer Vollkommenheit zu bewundern und zu lieben. Die Welt war stets unvollkommen und wird es bis zum Endpunkt der Evolution bleiben. Leidfreies Leben, makellose Menschen, eine Schöpfung ohne Krankheit und Leid gibt es nicht. Der gelassene Mensch akzeptiert, dass er selbst, die anderen Menschen, unsere Organisationen, die Welt und sogar Gott voller realer oder vermeintlicher Widersprüche sind. Gelassenheit ist das JA zur Leere, zum Fehlen, zum Manko, zum Vakuum, zum Nicht-Perfekten, zum Halbfertigen, Unvollendeten und Widersprüchlichen, zur unerfüllten Sehnsucht, zur Bescheidenheit in der Liebe und zur Zufriedenheit mit dem, was wir heute sind und haben, wissen und können.

Gelassenheit bedeutet anzunehmen, was generell oder zumindest im Moment nicht zu ändern ist. Alles Leben ändert sich permanent. Politische Systeme, die die Menschen in Unfreiheit halten, müssen irgendwann fallen wie die Mauer von Berlin, und auch in den Religionen erfolgen notwendige Reformen automatisch, wenn die Zeit reif ist.

Mit dem Wissen um die permanente Wandelbarkeit des Lebens können wir unsere Welt samt ihrer Widersprüche und Makel leichter akzeptieren. Gelassene Menschen leben in der Erfahrung, dass unser Leben eine Gabe und seine permanente Veränderung eine Aufgabe ist. »Wenn man das Dasein als eine Aufgabe betrachtet, dann vermag man es immer zu ertragen«, schrieb die Dichterin Marie von Ebner-Eschenbach.

Bitten und beten

Sollen wir bei einer Krebsdiagnose, die uns noch ein Lebensjahr verspricht, alle Hebel in Bewegung setzen, Bestrahlungen und Chemotherapie auf uns nehmen und die Zeit im Krankenhaus mit manchen Nebenwirkungen fristen oder sollen wir die Krankheit einfach akzeptieren, nach Hause gehen und unser Leben ganz natürlich abschließen – oder gar mit aktiver Sterbehilfe vorzeitig beenden? Sollen wir unsere Partnerinnen, die sich lange vernachlässigt fühlten und sich in einen anderen Mann verliebt haben, einfach ziehen lassen oder sollen wir alle Hebel in Bewegung setzen und mit Hilfe von Freunden und einer Paartherapie einen Neuanfang wagen? Sollen wir unsere Schlaflosigkeit akzeptieren und in den wachen Stunden etwas lesen oder Musik hören oder sollen wir dagegen kämpfen mit Schlafmitteln oder Atemtherapie? Sollen wir akzeptieren, dass wir seit Jahren allein leben und keinen Partner finden oder sollen wir eine Annonce ins Internet oder in eine Zeitschrift setzen? Sollen wir uns mit der Tatsache, auf natürliche Weise keine Kinder zu bekommen, abfinden, ein soziales Kinderprojekt unterstützen und den Patenkindern mehr Zeit schenken oder sollen wir alle modernen medizinischen Methoden zu Hilfe nehmen? Sollen wir die vielen Überstunden am Arbeitsplatz wie alle anderen Kollegen still hinnehmen oder das Gespräch mit der Chefin suchen und uns dabei unbequem machen und möglicherweise eine Beförderung gefährden? Sollen wir die laute Musik der Nachbarn akzeptieren oder mit dem Besen ein paar Mal kräftig an die Decke poltern? Sollen wir im Sinn der religiösen Toleranz das Schleiertragen von muslimischen Lehrerinnen in Westeuropa tolerieren oder verbieten?

Was können und müssen wir annehmen, was sollen und müssen, können und wollen wir verändern? Diese Frage lässt sich meistens nicht leicht und eindeutig beantworten. Darum gibt es im berühmten Gebet um Gelassenheit die dritte Bitte um Weisheit, das Eine vom Anderen unterscheiden zu können. Gerade wenn wir unschlüssig und unsicher sind, zweifeln und hadern mit der richtigen Reaktion auf eine Leidenssituation, ist das Gebet um Klarheit und Weisheit wichtig und im eigentlichen Sinn not-wendig. Zudem gibt es in unserem Leben und in der Welt vieles, was wir nicht persönlich oder mit natürlichen Mitteln ändern können, wo wir aber um Kraft und Mut für Menschen und Institutionen bitten können, die mehr Einfluss auf den Lauf der Dinge haben.

· Mit welchen unvermeidbaren Situationen und Tatsachen in meinem Leben habe ich Mühe?
· Mit welchen unvermeidbaren Tatsachen in der Welt kann ich mich nicht abfinden?
· Mit welchen unvermeidbaren Situationen im Leben habe ich eine kreative Weise der Kooperation gefunden?
· Wo, wann und wie habe ich aus einer nicht selbst gewählten Leidenssituation das Beste gemacht und durch ein neues höheres Ziel der Situation einen Sinn abgerungen?
· Wo und wie erlebe ich den Graubereich, wo ich nicht genau weiß, ob ich etwas annehmen oder ob ich für eine Veränderung kämpfen kann und muss?

Liebe, was du ändern willst!

Sei du selbst die Veränderung,
die du dir wünschst für diese Welt.
Mahatma Gandhi (indischer Friedensstifter, 1869–1948)

Alle Revolutionen haben bisher nur eines bewiesen,
nämlich, dass sich vieles ändern lässt,
bloß nicht die Menschen.
Karl Marx (Philosoph, 1818–1883)

Ihr müsst die Menschen lieben,
wenn ihr sie ändern wollt.
Johann Heinrich Pestalozzi (Pädagoge, 1746–1827)

Im Gelassenheits-Gebet lautet die zweite Bitte: »Gott, verleih mir Mut, die Dinge zu ändern, die ich ändern kann.« Rein technisch können wir heute fast alles auf dem Planeten verändern. Gleichzeitig wissen wir seit Jahrzehnten, dass wir unser Konsum- und Energieverhalten dringend ändern sollten – und tun es nicht. Darum müsste die Gelassenheits-Bitte ergänzt werden: »Verleih mir den Mut, die Dinge zu ändern, die dringend geändert werden müssen. Und die Gnade, nicht alles und alle ändern zu müssen, sondern bei mir zu beginnen.«

Ändere dich – ändere dich nicht!
Oft betrachten und behandeln wir unsere Mitmenschen und die Welt so, als wäre ihr primärer Zweck, uns zu gefallen, unsere Erwartungen zu erfüllen und unseren Wunschbildern zu

entsprechen. Allzu leicht machen wir andere und die Welt verantwortlich für unsere eigene Unzufriedenheit und unser Nicht-Gelassensein, für unsere schlechte Laune oder unser Leiden. Und fordern, dass sie sich ändern müssen, damit wir endlich zu Gelassenheit und Glück finden können. Doch andere Menschen – vor allem Erwachsene – können wir nicht ändern und sollten es auch gar nicht erst versuchen. Wir können und dürfen unsere Pläne und Ideale, unerfüllten Sehnsüchte und früheren Enttäuschungen nicht auf Partner und Freunde projizieren. Eine Frau klagte in einem Beratungsgespräch darüber, dass sie sich ständig über ihren Partner aufregen müsse. Morgens presse er die Orangen für ihren Saft nicht genügend aus, auf dem Weg zur Arbeit gewähre er den anderen Autolenkern sowie den Radfahrern und Fußgängern zu oft den Vortritt, in Gesprächen mit Dritten sei er zu zutraulich, abends halte er sich beim Kochen nicht genau an die Rezepte und nachts sei er im Bett zu wenig einfallsreich. Irgendwann unterbrach ich sie und fragte provokativ, warum sie einen Menschen nur lieben könne und wolle, wenn er genau so sei wie sie ihn haben möchte und warum sie nach so langer Zeit nicht mal versuchen wolle, das Gute, Schöne, Einzigartige und Geheimnisvolle in ihrem Partner zu entdecken. Worauf sie wütend das Gespräch und den Kontakt abbrach.

Der indische Weisheitslehrer Anthony de Mello berichtet von einer Frau, die den Zwang zur Veränderung überwinden durfte. Sie war jahrelang sehr ängstlich, schwermütig und selbstbezogen. Und jeder sagte ihr immer wieder, sie sollte sich ändern. Sie pflichtete ihnen bei und wollte sich auch ändern, brachte es aber nicht fertig, so sehr sie sich auch bemühte. Eines Tages sagte ihr eine Freundin, sie soll sich nicht ändern, sondern sie sei liebenswert genau so wie sie sei. Diese Worte klangen wie Musik in ihren Ohren. Und sie entspannte sich, wurde lebendig und änderte sich tatsächlich mit der Zeit.

Ehe wir von anderen Menschen verlangen und fordern, wünschen oder erwarten, dass sie sich ändern sollen, müssen wir uns ernsthaft fragen: Bin ich bereit, der anderen Person zu erlauben, so zu sein und sich so zu verhalten, wie sie ist und handelt? Und noch wichtiger: Veränderung beginnt immer bei uns selbst. Im besten Fall wirkt unsere Veränderung ansteckend auf andere.

Genau hinschauen!

Der Bitte um Mut, Dinge zu ändern, die wir ändern können und müssen, geht implizit die Bitte voraus, unseren Geist zu schärfen, damit wir ungerechte und diskriminierende Strukturen überhaupt erst erkennen, Kopf und Herz für alle Formen von Gewalt und Ungerechtigkeit öffnen und uns vom Leiden anderer Menschen und von Umweltproblemen betreffen lassen. Dieser geschärfte Blick mit offenem Geist und Herz beginnt schon bei der morgendlichen Zeitungslektüre. Dorothee Sölle schrieb beim Ausbruch des Golfkriegs im Jahr 1990, dass die Wahrheit im Krieg immer das erste Opfer sei. Täglich werden unzählige Leiden weltweit verschwiegen, vertuscht und abgestritten. Unsere Bereitschaft, Leiden in der Welt zu wandeln, zu heilen und zu ändern, beginnt mit unserer Wachheit und Aufmerksamkeit dem Leiden gegenüber.

Der Schritt vom Wissen zum Handeln

Im Kopf sind uns die nötigen Veränderungen in unserem Umfeld und in der weiten Welt oft klar. Doch der Weg vom Kopf
zur Hand, vom Wissen zum Handeln ist oft sehr lang und blo-
ckiert. Denn er führt über das Herz, über die tiefe innere Betroffenheit und das echte Mitgefühl mit dem Leiden in der
Welt. Fremdes Leiden auch im eigenen Herz zuzulassen, dazu
sind nicht alle bereit. Der Punkt, an dem uns die innere
Stimme klar zur Aktion zwingt, ist je nach Person früher oder
später, schneller oder langsamer erreicht:

»Der Punkt liegt bei mir da, wo mich eigene Ängste zur Über-
vorsicht und Mutlosigkeit überreden wollen.« (Mann, 62 Jahre)
»Die Grenze zur Aktion liegt bei mir da, wo ich tatsächlich etwas
verändern kann.« (Frau, 40 Jahre)
»Der Punkt ist abhängig vom persönlichen Leidensdruck.« (Frau,
46 Jahre)
»Ich kann eher versuchen zu beschreiben, wie ich diese Grenze finde,
nämlich durch eine ehrliche Antwort auf die Frage: Warum tue ich
jetzt nichts? Was gewinne ich dadurch, dass ich etwas unterlasse?«
(Frau, 49 Jahre)
»Ich beginne zu agieren, wenn gewisse Grenzen – vor allem politi-
scher Art – überschritten werden.« (Mann, 38 Jahre)
»Die Grenze liegt bei mir dort, wo ich mich verleugnen müsste.«
(Frau, 54 Jahre)
»Meine spirituelle Praxis ist mein Einsatz für Veränderungen. Diese
Praxis umfasst mein ganzes Leben: Wie kommuniziere ich, wie ver-
diene ich mein Geld und wie gebe ich es aus, welche politischen
Kräfte unterstütze ich, wie behandle ich andere Menschen und selbst

die Ameisen in der Küche, welche Geisteszustände nähre ich, welche versuche ich zu verringern?« (Frau, 41 Jahre)

»Schon mehrmals im Leben haben mich körperliche Symptome und Krankheiten dazu gezwungen, schon längst fällige oder nötige Veränderungen vorzunehmen. Mein Körper ist wie ein guter alter Freund, der spürt, dass ich nicht weitermachen kann wie bisher.« (Mann, 54 Jahre)

Änderung – um welchen Preis?

Die Grenze zwischen der akzeptierten Kooperation mit dem Unvermeidlichen und der Entscheidung zur konkreten Veränderung hängt stark von der Frage ab, welchen Preis wir zu zahlen bereit sind für mögliche negative Konsequenzen unseres Wirkens. Handelt es sich bei den notwendigen Veränderungen um Institutionen, Gemeinschaften und Gruppen, Nationen oder Religionen, braucht es nicht nur klare Visionen und starke Netzwerke, um etwas bewirken zu können, sondern oft auch die Bereitschaft, als unbequemer Nestbeschmutzer, elender Störenfried oder gar als böser Feind betrachtet und behandelt zu werden. Wer sich einsetzt, setzt sich aus und lebt mit dem Risiko, dass er und sein Umfeld durch ein bestimmtes Engagement diskriminiert, ausgeschlossen oder gar bedroht und verfolgt werden. Das erleben Menschen nicht nur in Gewaltregimen, sondern auch in unseren hochzivilisierten Breitengraden, sobald sie sich für Flüchtlinge und ein humanitäres Asylgesetz, für Muslime und Minarettbauten oder gegen Atomkraftwerke engagieren.

Oft ist uns nicht bewusst, wie hoch der Preis für Menschen ist, die sich in einem fremden politischen und sozialen Kontext für Veränderungen engagieren. Zwar bewundern wir die Märtyrer des 20. Jahrhunderts wie Sophie und Hans Scholl, Mahatma Gandhi und Martin Luther King, Alfred Delp und Dietrich Bonhoeffer, Maximilian Kolbe und Überlebende wie Nelson Mandela in Südafrika und Aung San Suu Kyi in Myanmar (Burma).

Oft blenden wir aus, dass es in anderen Ländern lebensgefährlich sein kann, in einem Leserbrief oder bei einer Straßendemonstration Veränderungen zu fordern. In diesem Punkt darf ich viel lernen von meinem iranischen Freund Farsin, meinem »älteren Bruder«. Oft regte ich mich in den letzten Jahren über ihn auf, weil er leidvolle Situationen in meinen Augen allzu leicht als unvermeidbares Schicksal akzeptierte und als muslimischer Mystiker schnell mal »in scha'Allah« (so Gott will) sagte, statt sich gegen die Ungerechtigkeiten zu erheben. Bis ich irgendwann kapierte, dass die als Fatalismus scheinende Gelassenheit und das vermeintliche Hinnehmen von Gewalt und Ungerechtigkeit eine – zumindest befristete – Überlebensstrategie einzelner Menschen und ganzer Völker darstellen kann.

Grenzen von Anpassung und Systemveränderung

Manchmal gelangen wir im Leben an Punkte, wo wir innerhalb eines Systems, einer Gruppe oder Gemeinschaft alle Formen der Anpassung und positiven Einstellung sowie unzählige Änderungsversuche unternommen haben und einsehen müssen, dass wir nichts oder nur noch Negatives und Destruktives bewirken können und darum das System verlassen müssen. Dies kann bedeuten, dass wir eine Partnerschaft nach mehreren Rettungsversuchen und Therapien beenden, eine Arbeitsstelle nach zahllosen Konflikten und Mediationen kündigen, aus der Kirche nach einer Reihe von Enttäuschungen austreten, den Wohnort wegen zementierter politischer Verhältnisse verlassen oder infolge jahrelanger Schmerzen im Extremfall durch aktive Sterbehilfe aus dem Leben scheiden. Wichtig bei dieser Option ist, dass wir innerlich frei, selbstverantwortlich und möglichst versöhnt loslassen.

- Bei wem wünsche ich mir eine Veränderung im Denken und Handeln?
- In welchem Bereich weiß ich, dass ich eigentlich etwas ändern müsste, aber es (noch) nicht tun kann oder will? Und warum nicht?
- An welchem Punkt schreite ich normalerweise vom Wissen um ein Leiden zum Handeln?
- Welchen Preis bin ich bereit zu zahlen, um meine wichtigsten Werte zu verteidigen?
- An welchem Punkt endet bei mir der Wille zum Verändern. Wann muss ich ein System verlassen?

Gib mir Geduld – aber subito!

Geduld ist ein Baum,
dessen Wurzel bitter und dessen Frucht sehr süß ist.
Chinesisches Sprichwort

Bäume sind Meister der Geduld:
Sie bieten Schatten und liefern uns Obst,
und Vögel nisten in ihren Zweigen.
Und lehren sie uns nicht jedes Jahr
aufs Neue mit frischem Mut wieder anzufangen?
Dom Hélder Câmara (Bischof und Dichter, 1909–1999)

Der Schlüssel zu allem ist Geduld.
Nicht durch Aufschlagen, sondern durch Ausbrüten
wird aus einem Ei ein Küken.
Ungeduld ist Angst.
Stefan Zweig (Schriftsteller, 1881–1942)

Geduld bringt Rosen, Ungeduld Neurosen.
Und durch Geduld werden saure Trauben zu Rosinen.
Orientalische Weisheit

Ich bin keine Riesenschildkröte aus Galapagos,
die 250 Jahre alt wird.
Ich habe auch noch ein Leben.
Komm mal in die Gänge!
Meine Partnerin Karin

Ungeduld zählt zwar nicht zum klassischen christlich-abendländischen Lasterkatalog, gehört aber zweifellos zu den stärksten und häufigsten Gelassenheitskillern. Ob es in den guten alten Zeiten der Agrargesellschaft weniger Ungeduld gab als heute, lässt sich schwer beweisen. Sicher ist aber, dass Hetze und Ungeduld immer mehr zunehmen. Alles muss immer schneller gehen. Tiere werden aufs optimale Schlachtgewicht hin gemästet, Kinder werden schon mit drei Jahren ins »Früh-Chinesisch« geschickt und E-Mails haben handgeschriebene Briefe längst ersetzt. Durch die strukturelle Ungeduld verkommen auch Politik und Wirtschaft immer mehr zu einem aufgeregten Spektakel mit schnellen Scheinlösungen. Politiker müssen nach 100 Tagen bereits beeindruckende Erfolge vorweisen, was zu effekthaschenden Schnellschüssen statt zu überlegter Nachhaltigkeit verleitet. Man sollte Führungskräften in Politik und Wirtschaft eigentlich verordnen, in den ersten 100 Tagen nur zu beobachten, analysieren und zu reflektieren, aber nichts entscheiden und verändern zu dürfen.

Ungeduld äußert sich nicht nur in Geist und Seele, sondern auch physisch: roter Kopf, nervöses Trommeln mit den Fingerkuppen, stereotypes Klicken mit dem Kugelschreiber, unruhiges Schauen auf die Uhr und ein hoher Puls. Gründe für die Ungeduld gibt es viele: von technischen Pannen über desinteressierte Gesprächspartner und borniertе Beamte bis zu ineffizienten Arbeitsabläufen:

»Ungeduldig machen mich vor allem unstrukturierte berufliche Gesprächssituationen.« (Mann, 62 Jahre).

»Ich werde ungeduldig, wenn ich merke, dass Lösungen zu lange auf sich warten lassen oder wir immer wieder dieselben Fehler machen.« (Frau, 47 Jahre)

»Ganz kribbelig werde ich vor allem im Straßenverkehr oder im Laden, wenn viele Leute zum Zahlen anstehen und nur eine von mehreren Kassen von einer Kassiererin besetzt ist.« (Mann, 48 Jahre)

»Ungeduldig werde ich, wenn sich eine Person auch nach dem zehnten Gespräch über das gleiche Thema nicht entscheiden kann.« (Frau, 36 Jahre)

»Mein Geduldsfaden reißt, wenn ich meinen Kindern etwas zehn Mal sagen muss und sie noch immer nicht Folge leisten– dies kennt wohl jede Mutter.« (Frau, 46 Jahre)

»Ungeduldig werde ich, wenn ich warten muss und nicht weiß, wie lange.« (Frau, 46 Jahre)

»Wenn es zwischen Wunsch und Realität zu große Abweichungen gibt, verliere ich die Geduld.« (Mann, 71 Jahre)

»Bei Computerpannen und sturen Beamten, aber auch wenn ich Hunger habe, kann ich extrem ungeduldig werden.« (Frau, 36 Jahre).

»Ungeduldig werde ich, wenn ich nicht weiß, verstehen oder nachvollziehen kann, warum etwas/jemand so viel Zeit braucht wie er/es/sie braucht. Vor allem, wenn ich glaube, dass jemand zu seinem Vorteil Zeit schindet, mich hinhält, oder wenn ich auf etwas von außen angewiesen bin, um weiterzumachen, dieses etwas aber nicht kommt und ich festhänge.« (Frau, 49 Jahre)

»Ungeduldig bin ich dann, wenn mein Kopf etwas will und der Körper macht nicht mit. Oder wenn Menschen um Rat nachsuchen und dann nicht bereit sind, Änderungen einzuleiten.« (Frau, 53 Jahre)

>Ich bin grundsätzlich ein ungeduldiger Mensch, wenn es um ge-
sellschaftliches Handeln geht, hingegen sehr geduldig mit Menschen, welche in Not sind.« (Frau, 52 Jahre)
>Ungeduldig reagiere ich, wenn jemand etwas erzählt, dessen Pointe
ich längst begriffen habe.« (Frau, 36 Jahre)
>Ungeduldig werde ich, wenn ich sehe, dass mein Gegenüber nicht
zuhört und sich bereits eine Meinung gebildet hat, aber dennoch
vorgibt, meine Meinung kennen zu wollen.« (Frau, 50 Jahre)

Der Mystiker Meister Eckhardt, der den deutschen Begriff
»Gelassenheit« im 14. Jahrhundert geschaffen hat, sah die Gelassenheit vor allem von drei Kräften behindert: der Körper-
lichkeit, der Vielheit und der Zeitlichkeit. Die eben genannten
Beispiele zeigen auf, dass sich diese drei Faktoren auch auf
unsere Geduld auswirken: Unser Körper soll ständig und ewig
funktionieren, wir wollen vieles oder alles gleichzeitig erledigen – und vor allem subito!

Hetze-Diktatur statt Zeit-Kultur

Wenn ich jeweils kurz vor acht Uhr morgens in meinem Büro
ankomme, steht bereits ein halbes Dutzend Rentner mit Ein-
kaufslisten und -tüten vor dem Eingang des angrenzenden Su-
permarktes. Meistens schmunzle ich über dieses Schauspiel,
manchmal schüttle ich aber auch den Kopf und finde, dass
sich die grau- und weißhaarigen Frühkunden eine unnötige
Blöße geben durch ihre Ungeduld. Dieser Gelassenheitshemmer nimmt offensichtlich mit wachsendem Alter nicht ab –
vermutlich wegen der immer geringer werdenden Lebens-
dauer. Ungeduld ist – wie Stefan Zweig es im einleitenden

Zitat ausdrückte – letztlich ein Ausdruck von Angst, etwas im Leben oder das Leben schlechthin zu verpassen. Tatsache ist: Wir können dem Leben nicht mehr Tage, wohl aber den Tagen mehr Leben geben.

Ungeduld scheint nicht nur im Verlauf des eigenen Lebens zuzunehmen, sondern wirkt offenbar auch ansteckend, wenn wir das Drängeln in Warteschlangen vor der Ladenkasse oder im Feierabend-Verkehr beobachten. Der ungeduldige Umgang mit der beschränkten Ressource Zeit bewirkt, dass wir uns immer weniger auf Situationen einstellen und einlassen können, sondern diese meist schon bei deren Wahrnehmung in unserem Sinne verändern wollen. Und indem wir uns der gesellschaftlichen Dynamik der Hetze unterwerfen, werden wir immer unfähiger, Zeit zwecklos zu verbringen und wahre Muße zu pflegen. Ungeduld entsteht aber nicht nur dadurch, dass wir Dinge sofort erledigen oder erhalten wollen, sondern auch viele Dinge gleichzeitig zu bewältigen und zu lösen versuchen.

Von der Natur lernen

Die beste Lehrmeisterin bezüglich Geduld ist die Natur. »Pass dich dem Schritt der Natur an: Ihr Geheimnis ist Geduld«, schrieb der US-Philosoph Ralph Waldo Emerson. Die Natur führt uns immer neu die biblische Weisheit vor Augen, dass alles im Leben seine Zeit hat – und braucht. Jeder Apfel und jede Traube braucht seine Zeit bis zur Reife. In China erzählt man sich die Geschichte von einem Bauer, der sich wunderte, dass die Saat auf seinem Acker so langsam aufging. Von Tag zu Tag wurde seine Geduld weniger. Schließlich hatte er eine Idee. Er lief zu seinem Feld und begann, die kleinen zarten Halme etwas in die Höhe zu ziehen. Das tat er jeden Morgen neu. Als er am Abend nach Hause kam, seufzte er: »Ich bin todmüde; den ganzen Tag habe ich damit zugebracht, dem Getreide beim Wachsen zu helfen.« Eines Tages traf er seinen Nachbarn und erzählt ihm, dass er seinem Korn beim Wachsen geholfen habe. Neugierig begleitete ihn der Nachbar zu seinem Feld. Dort angekommen, sahen sie, dass alles zerstört und verwelkt war. Die kaum herangereiften Ähren hingen zu Boden.

Wenn wir die Natur betrachten, erkennen wir den permanenten Zyklus von Sein, Vergehen und neuem Werden. Die Natur erwacht immer wieder. Diese Erfahrung kann uns nicht nur Geduld, sondern auch ein tiefes Vertrauen in den Lauf unseres eigenen Lebens und in den der Geschichte schenken.

Aktiv warten

Das Warten des Bauers auf die Ernte ist ein gleichzeitiges Tun und Nicht-Tun, eine aktiv-passive Zurückhaltung. »Wer warten kann, hat viel getan«, lautet ein altes Sprichwort. Bewusstes Warten ist ein engagiertes Geschehen-Lassen. Frauen, die in »Erwartung« sind, erleben dieses aktiv-passive, engagierte Geschehen-Lassen am eigenen Leib. Der gelassene Mensch gesteht anderen Menschen und Lebewesen, Institutionen und Projekten das Recht und die Notwendigkeit, die Zeit und das Bedürfnis zu, wachsen zu dürfen, zu können, zu wollen und zu müssen. Das kreative und konstruktive Warten als Haltung des engagierten Geschehen-Lassens will gelernt sein. Bereits das Baby muss es mühsam lernen, indem die Mutter ihm bewusst nicht bei jedem Schrei augenblicklich die Brust gibt.

In meinem Alltag erlebe ich oft Wartezeiten. Gerade wenn ich diese Zeiten als leer empfinde, konzentriere ich mich auf meinen Atem oder formuliere kurze Stoßgebete. So wird das passive Aushalten und »Totschlagen« einer »verlorenen« Zeit zu einer aktiven Regeneration und gewonnenen Zentrierung – eine kleine Oase der Stille inmitten eines oft hektischen Tages.

Wer Geduld hat, hat sich selbst, ist bei sich, geerdet, zentriert, im ruhenden Pol des Hamsterrades. Geduld können wir neben der Natur auch durch Meditation oder Atemübungen lernen. Dazu weitere Tipps, Wege und Methoden aus meinem Bekanntenkreis:

> »Wenn ich Ungeduld verspüre, gehe ich auf dem Balkon genüsslich eine Zigarette rauchen.« (Frau, 36 Jahre)
> »Wenn ich Ungeduld verspüre, versuche ich deren Wurzel zu entdecken. Und dann gebe ich eine gute Prise Humor dazu und lache über mich selbst – für mich das effektivste Rezept.« (Frau, 51 Jahre)
> »Ich greife zu Bachblüten.« (Frau, 39 Jahre)
> »Ich fand einmal eine Karte, auf welcher stand: ›Lieber Gott, gib mir Geduld, aber bitte plötzlich.‹ Ich weiß inzwischen, dass Geduld haben ein Geschenk ist.« (Frau, 40 Jahre)

Einen sehr schönen Gedanken im Umgang mit Ungeduld, Geschehen-Lassen und Warten-Können entdeckte ich in einem Brief, den Rainer Maria Rilke an Franz Xaver Kappus schrieb:

> »Ich möchte Sie bitten, Geduld zu haben gegen alles Ungelöste in Ihrem Herzen und versuchen, die Fragen selbst lieb zu haben, wie

verschlossene Stuben und wie Bücher, die in einer sehr fremden Sprache geschrieben sind. Forschen Sie jetzt nicht nach den Antworten, die Ihnen nicht gegeben werden können, wie Sie sie nicht leben können. Und es handelt sich darum, alles zu leben. Leben Sie jetzt die Fragen. Vielleicht leben Sie dann allmählich, ohne es zu merken, eines fernen Tages in die Antwort hinein.«

· Eine Übung:
Wenn ich vor der Waschmaschine stehe, die noch zwei oder fünf Minuten dauert, wenn ich auf den Bus warten muss, wenn der PC langsam startet, wenn ich in der Schlange stehe vor dem Bahnhof- oder Check-in-Schalter oder wenn ich mit dem Auto im Stau stehe, versuche ich bewusst zu atmen und den Atemzügen zehn Mal zu folgen, indem ich sie zähle.

· Wann erlebe ich mich besonders ungeduldig?
· Welche Situationen strapazieren meine Geduld?
· Wie, mit welchen Mitteln und Wegen gelange ich zu mehr Geduld?

»Worst case« und Bruder Tod

Wenn ich mein Leben noch einmal leben könnte,
so würde ich versuchen, mehr Fehler zu machen.
Ich würde nicht so perfekt sein wollen und
würde mich mehr entspannen.

Ich wäre ein bisschen verrückter als ich gewesen bin
und würde viel weniger Dinge so ernst nehmen.
Ich würde nicht so gesund leben.
Ich würde mehr riskieren, mehr reisen
und Sonnenuntergänge betrachten,
mehr bergsteigen, mehr in Flüssen schwimmen.

Ich war einer dieser klugen Menschen,
die jede Minute ihres Lebens fruchtbar verbrachten.
Wenn ich noch einmal anfangen könnte,
würde ich versuchen, die Augenblicke zu leben.
Denn aus diesen besteht das Leben;
nur aus Augenblicken, vergiss nicht den jetzigen!

Wenn ich noch einmal leben könnte,
würde ich von Frühlingsbeginn an bis in den Spätherbst
hinein barfuß gehen.
Und ich würde mehr mit Kindern spielen,
wenn ich das Leben noch vor mir hätte.
Aber ich bin 85 Jahre alt und weiß,
dass ich bald sterben werde.
Autor unbekannt

Bereits im ersten Kapitel haben wir Gründe und Situationen
reflektiert, die unsere Gelassenheit behindern, sowie Hilfen,
Methoden und Wege kennen gelernt, die zu mehr Gelassenheit
führen können. An den Beginn dieses Kapitels stelle ich die
radikale Behauptung: Gelassen können wir letztlich nur sein,
wenn wir den Mut haben, uns mit Worst-case-Szenarien zu

konfrontieren und wenn wir uns Bruder Tod zum Freund machen. Solange uns dies nicht gelingt, sind wir der rastlosen Jagd unterworfen nach immer noch mehr Glück und Zufriedenheit.

Aufs Schlimmste gefasst

Man muss kein Kultur-Pessimist und keine Trübsalbläserin, kein Problemverliebter und keine Untergangs-Stimmungs-kanone sein, wenn man sich mitten in einer gesundheitlichen oder partnerschaftlichen Krise, in einer schwierigen Entschei-dungssituation oder bei einer Kündigung der Arbeit oder Wohnung einmal ganz ernsthaft und konkret das Worst-case-Szenario vorstellt und alle möglichen Fragen, Sorgen, Ängste, Zweifel und Gefahren plastisch vorstellt und notiert. Solange wir uns diffus vor der Zukunft fürchten und uns als Opfer des Systems sehen, finden wir keine Gelassenheit. Wenn wir uns aber konkret vorstellen, was uns im schlimmsten Fall ganz ge-nau geschehen könnte und erwarten würde, erkennen wir mit hoher Wahrscheinlichkeit, dass auch im »Worst-case-Szena-rio« ein sinnvolles Leben möglich wäre. Diese Erfahrung kann uns eine überraschende Ruhe schenken und eine unerschüt-terliche Gelassenheit, die nichts mit Wegschauen, Verdrängen, Gleichgültigkeit oder pseudospirituellem Drüberstehen zu tun hat, sondern geläutert ist durch die Konfrontation mit den schlimmsten Befürchtungen.

Ehe ich vor vier Jahren die Entscheidung fällte, aus dem Je-suitenorden auszutreten, habe ich mich bewusst mit dem Worst-case-Szenario konfrontiert. Ich wusste, dass ich am Tag des Austritts ohne einen Cent und ohne materielle Absicherung im Alter in der Welt stehen würde. Tagelang setzte ich mich mit

diesem Gedanken auseinander und hatte schlaflose Nächte des-
wegen. Ich sah vor dem inneren Auge, wie ich am 65. Geburts-
tag in ein Armenhaus für Männer ziehen würde und stellte mir
vor, wie ich dort den Tag konkret verbringen würde. Neben den
vielen Ängsten um mein Ego und mein Image tauchten bald
Gedanken auf wie: »Ich kann dann immer noch lesen und
schreiben so oft ich will, ich kann wandern gehen und in der
Schweiz ist in den letzten hundert Jahren niemand verhun-
gert.« Die diffusen Existenzängste begannen sich zu lichten. Als
ich meinen Plan des Ordensaustritts in den folgenden Tagen einigen Vertrauten mitteilte, reagierten diese teilweise sehr ängstlich und stellten Fragen wie: »Wovon willst du denn nun leben?
Wo und was wirst du arbeiten können? Wo kannst du wohnen?
Was denken und sagen die Mitbrüder und andere Leute, wenn
du zu deiner Beziehung stehst und austrittst?« Trotz oder gerade
wegen dieser angstgesteuerten Fragen im näheren Umfeld
spürte ich noch deutlicher, dass es mir gar nicht nur um den
Ordensaustritt ging, sondern darum, ein Mensch zu sein, der
möglichst frei, authentisch und selbstbestimmt lebt und nicht
Dinge sagt und tut, verschweigt und lässt, weil die anderen dieses oder jenes denken könnten.

So sicher wie der Tod

»Wird's besser? Wird's schlimmer?«
fragt man alljährlich.
Seien wir ehrlich:
Leben ist immer
lebensgefährlich.
Erich Kästner (Schriftsteller, 1899–1974)

Meine Gedanken machten vor vier Jahren bei der Vorstellung von Worst-case-Szenarien nicht Halt. Irgendwann stellte ich mir auch das Bild vor, wo ich im Sarg lag und der Deckel über mir zugeschraubt wurde. Mir kamen die letzten Tage mit meinem verstorbenen Vater in den Sinn und wie er mir in der letzten Nacht sagte: »Man muss im Leben alles versuchen.« Mit dem Bild des eigenen Todes vor Augen, stellte ich mir die Frage: Was ist wirklich wichtig und wesentlich im Leben? Worauf kommt es letztlich an? In diesem Moment ergriff mich inmitten der Fragen und Unsicherheiten eine große innere Ruhe und Freiheit, Leichtigkeit und Lebendigkeit, Zufriedenheit und Dankbarkeit. Die Entscheidung war reif und ich konnte gelassen auf die Worte von Hilde Domin vertrauen: »Ich setzte den Fuß in die Luft, und sie trug.«

Durch die Konfrontation mit dem eigenen Sterben entdecken wir den Wert und die Schönheit des Lebens und erhalten die Freiheit, Kraft und Klarheit, um unsere verbleibende Zeit möglichst bewusst, achtsam, sinnvoll und frei zu gestalten. Diese Übung ist unabhängig von unserem Lebensalter. Wolfgang Amadeus Mozart schrieb bereits mit 31 Jahren an seinen Vater:

>»Ich lege mich nie zu Bett, ohne zu bedenken, dass ich vielleicht – so jung als ich bin – den andern Tag nicht mehr sein werde. Und es wird doch kein Mensch von allen, die mich kennen, sagen können, dass ich im Umgang mürrisch oder traurig wäre. Für diese Glückseligkeit danke ich alle Tage meinem Schöpfer und wünsche sie von Herzen jedem Mitmenschen.«

Viele Menschen konnten mir diese positive Erfahrung einer Konfrontation mit dem eigenen Sterben bestätigen:

»Bücher und Zeugnisse über Nahtoderlebnisse schenken mir Hoffnung, wandeln meine Ängstlichkeit und lassen mich gelassener in die Zukunft blicken.« (Frau, 46 Jahre)

»Die Auseinandersetzung mit dem Sterben und das bewusste Akzeptieren unserer Endlichkeit fördert meine Gelassenheit sehr. Auch die Tatsache, dass ich mein Leben lebe, hilft mir, gelassen zu sein. Angst zu sterben hat, wer schuldig ist in dem Sinne, nicht das eigene Leben gelebt zu haben. Wenn ich morgen sterbe, glaube ich damit und mit meinem Leben einverstanden zu sein.« (Frau, 38 Jahre)

»Vor 40 Jahren hatte ich das Buch Interviews mit Sterbenden von Elisabeth Kübler-Ross gelesen. Es lehrte mich, unsere Endlichkeit als etwas Unabänderliches zu akzeptieren und in unser Denken und Fühlen einzubeziehen. Darüber hinaus lehrte es mich, den Moment zu leben und mich auf das Hier und Jetzt zu konzentrieren.« (Mann, 71 Jahre)

»Angesichts unserer Vergänglichkeit relativieren sich die vielen Problemchen. Durch das regelmäßige Bewusstmachen meiner Vergänglichkeit versuche ich, meinen Herzgeist immer wieder neu auf die wirklich zentralen Fragen und Anliegen meines Lebens auszurichten, statt mich an Trivialitäten aufzuhängen.« (Frau, 41 Jahre)

»Meine Mutter starb im Alter von 50 Jahren an einer unheilbaren Krankheit. Damals habe ich mich intensiv mit dem eigenen Tod befasst und festgestellt, dass der Tod das einzige Absolute im Leben ist, das einmal wirklich passiert. Bei allen anderen Dingen gibt es immer sehr viele Möglichkeiten und Alternativen. Ich wurde auf den Tod meiner Mutter vorbereitet und habe mit ihr auch darüber geredet, bevor sie starb. Das führte dazu, mein Leben intensiver zu leben und hat gleichzeitig meine Fähigkeit loszulassen und der Gelassenheit verbessert.« (Mann, 55 Jahre)

»Die Beschäftigung mit dem Tod — in Einklang mit mir und der Mitwelt sterben zu können — fördert mit zunehmendem Alter eine engagierte Gelassenheit.« (Frau, 61 Jahre)

Die Konfrontation mit unserem Sterben schenkt uns auch eine positive Grundeinstellung zu anderen Menschen und zur Welt. Der indische Jesuit, Meditations- und Weisheitslehrer Anthony de Mello ließ auf seinen Grabstein den Satz schreiben: »And all shell be well.« Diese Worte können verstanden werden als »Und alles ist gut so wie es ist« oder im Sinn von »Und allen möge es gut gehen!« So oder so zeugen sie von echter Gelassenheit.

- Wie sieht mein Worst-case-Szenario aus, wenn mich ein ganz bestimmter schwerer Schicksalsschlag treffen würde?
- Welche Gedanken und Gefühle löst die Vorstellung des »schlimmsten Falls« in mir aus?
- Was bräuchte ich, damit ich mir auch beim Worst-case-Szenario noch ein sinnvolles Leben in Zufriedenheit vorstellen könnte?
- Was würde ich tun und ändern, wenn ich erfahren würde, dass ich nur noch sechs Monate zu leben hätte?

Von guten Mächten geborgen

Unruhig ist mein Herz,
bis es Ruhe findet in dir.
Augustinus (Philosoph und Theologe, 354–430)

Die Blätter fallen, fallen wie von weit,
als welkten in den Himmeln ferne Gärten;
sie fallen mit verneinender Gebärde.
Und in den Nächten fällt die schwere Erde
aus allen Sternen in die Einsamkeit.
Wir alle fallen. Diese Hand da fällt.
Und sieh dir andre an: es ist in allen.
Und doch ist Einer, welcher dieses Fallen
unendlich sanft in seinen Händen hält.
Rainer Maria Rilke (Lyriker, 1876–1926)

Gelassenheit zu den Dingen,
Offenheit für das Geheimnis.
Martin Heidegger (Philosoph, 1889–1976)

Von guten Mächten treu und still umgeben,
behütet und getröstet wunderbar,
so will ich diese Tage mit euch leben
und mit euch gehen in ein neues Jahr.
Dietrich Bonhoeffer (evangelischer Theologe, 1906–1945)

Dietrich Bonhoeffer, der kurz vor Kriegsende im KZ Flossen-
bürg umgebracht wurde, schrieb neben dem eindrücklichen

und oft vertonten obigen Gedicht auch ein einzigartiges Glau-
bensbekenntnis als Frucht seines jahrelangen Engagements im
Widerstand gegen das NS-Regime:

> »Ich glaube, dass Gott aus allem, auch aus dem Böses-
> ten, Gutes entstehen lassen kann und will. Dafür
> braucht er Menschen, die sich alle Dinge zum Besten
> dienen lassen. Ich glaube, dass Gott uns in jeder Not-
> lage so viel Widerstandskraft geben will, wie wir
> brauchen. Aber: Er gibt uns diese Kraft nicht im Vor-
> aus, damit wir uns nicht auf uns selbst, sondern allein
> auf ihn verlassen. In solchem Glauben müsste alle
> Angst vor der Zukunft überwunden sein. Ich glaube,
> dass auch unsere Fehler und Irrtümer nicht vergeblich
> sind, und dass es Gott nicht schwerer fällt, mit ihnen
> fertig zu werden, als mit unseren vermeintlichen Gut-
> taten. Ich glaube, dass Gott kein zeitloses Fatum
> [Schicksal] ist, sondern dass er auf aufrichtige Gebete
> und verantwortliche Taten wartet und antwortet.«

Unsere Gelassenheit resultiert nicht nur aus der Konfrontation
mit dem Worst-case-Szenario und dem Akzeptieren von Bruder Tod, sondern ist auch eine Frucht des Getragenseins in der
grenzenlosen Hand der Liebe, die wir »Gott« nennen. Gelassenheit in Gott bedeutet nicht, dass wir unsere Verantwortung
für die Welt in frommen Gebeten an Gott delegieren. Der
schwarze Baptistenpastor und ermordete Bürgerrechtler Martin Luther King meinte: »Kein Problem wird gelöst, wenn wir
träge darauf warten, dass Gott allein sich darum kümmert.«

Wer die Eigenverantwortung voll wahrnimmt und gleichzeitig auf Gottes Liebe, Nähe und Hilfe vertrauen kann wie die Blätter in Rilkes Herbstgedicht, erreicht die höchste Form von Gelassenheit. Der bekannte Symbolforscher Alfons Rosenberg drückte für Christen aus, was auch für Glaubende anderer Religionen gelten kann:

»Christen haben sich in der Zukunft vor allen anderen durch ihre tragfähige Gelassenheit zu unterscheiden. Und zwar nicht mit einer Gelassenheit im Sinn des leidenschaftslosen Alles-so-lassen-wie-es-ist des lebensfremden Illusionisten; nicht als geheime Drückeberger vorbei an all dem Bedrängenden, Bedrohenden und Erdrückenden des Lebens. Gelassenheit vielmehr als Grundhaltung vertrauensvollen Sich-lassen-Könnens inmitten der Wechselfälle des Schicksals, inmitten der täglichen Anfechtung durch Sorge und Angst, und noch im Angesicht des Todes. Gelassenheit also als Ausdruck eines innersten Sich-getragen-Wissens, das unabhängig geworden ist von der Gunst oder Ungunst äußerer Umstände und innerer Zustände.«

Unsere innere Erfahrung des Sich-lassen-Könnens und Sich-getragen-Wissens vollzieht sich an dem Punkt, wo sich in uns Gelassenheit und Engagement treffen, verbinden, eins werden und gegenseitig bedingen, ergänzen und ermöglichen. Diese Erfahrung ist wohl bei den meisten Menschen vorhanden, auch wenn sie diese unterschiedlich erleben und formulieren:

»In vielen Situationen, die ich nicht kontrollieren kann, überlasse ich den Lauf der Dinge dem beschützenden Gott. Es ist aber eine dünne Grenze zwischen Fatalismus und Gelassenheit.« (Frau, 36 Jahre)

»Der Glaube an ein höheres Selbst, an eine universelle Liebe, gibt mir enorm viel Zuversicht und Gelassenheit.« (Frau, 42 Jahre)

»Gerade wenn ich Sorgen habe, lasse ich sie abends bewusst los und übergebe sie der Kraft, die wir Gott nennen.« (Frau, 46 Jahre)

»Der Glaube an ein wie auch immer geartetes Sinnstiftendes gibt mir Urvertrauen und damit Gelassenheit, die Befreiung von der Vorstellung, alles selbst unter Kontrolle haben zu müssen. Diese Fähigkeit, die Kontrolle loslassen zu können, mich zu überantworten, ist Voraussetzung für Gelassenheit. Das gelingt jedoch nur bei einem positiven Gottesbild.« (Frau, 49 Jahre)

»Glaube hat große Auswirkung auf Gelassenheit. Anliegen, welche einen Effort meinerseits betreffen, überlasse ich aber nicht Gott, sondern hole mir bei ihm lediglich die Kraft dazu.« (Frau, 39 Jahre)

Abschließen möchte ich diesen zweiten Buchteil mit den 10 Regeln zur Gelassenheit. Verfasst hat sie der legendäre Papst Johannes XXIII. (1881–1963), der sich mit einer gesunden Portion Selbstironie auch oft gesagt haben soll: »Giovanni, nimm dich nicht so wichtig.« Da er seine 10 Regeln der Gelassenheit bewusst auf den aktuellen Tag bezieht, könnten sie auch im sechsten Kapitel (Heute leben und ganz handeln) stehen. Doch der gebürtige Angelo Giuseppe Roncalli erwähnt in den 10 Punkten praktisch alle Dimensionen der Gelassenheit und rundet diesen Buchteil quasi in einer Synthese ab:

1. Nur für heute werde ich mich bemühen, den Tag zu erleben, ohne das Problem meines Lebens auf einmal lösen zu wollen.

2. Nur für heute werde ich die größte Sorge für mein Auftreten pflegen: vornehm in meinem Verhalten; ich werde niemand kritisieren; ich werde nicht danach streben, die anderen zu korrigieren oder zu verbessern ... nur mich selbst.

3. Nur für heute werde ich in der Gewissheit glücklich sein, dass ich für das Glück geschaffen bin ... nicht nur für die andere, sondern auch für diese Welt.

4. Nur für heute werde ich mich an die Umstände anpassen, ohne zu verlangen, dass die Umstände sich an meine Wünsche anpassen.

5. Nur für heute werde ich zehn Minuten meiner Zeit einer guten Lektüre widmen; wie die Nahrung für das Leben des Leibes notwendig ist, ist die gute Lektüre notwendig für das Leben der Seele.

6. Nur für heute werde ich eine gute Tat vollbringen, und ich werde es niemandem erzählen.

7. Nur für heute werde ich etwas tun, zu dem ich keine Lust habe; sollte ich mich in meinen Gedanken beleidigt fühlen, werde ich dafür sorgen, dass niemand es merkt.

8. Nur für heute werde ich ein genaues Programm aufstellen. Vielleicht halte ich mich nicht genau daran, aber ich werde es aufsetzen. Und ich werde mich vor zwei Übeln hüten: der Hetze und der Unentschlossenheit.

9. Nur für heute werde ich fest glauben – selbst wenn die Umstände das Gegenteil zeigen sollten – dass die gütige

Vorsehung Gottes sich um mich kümmert, als gäbe es sonst niemanden in der Welt.

10. Nur für heute werde ich keine Angst haben. Ganz besonders werde ich keine Angst haben, mich an allem zu freuen, was schön ist, und an die Güte zu glauben. Mir ist es gegeben, das Gute während zwölf Stunden zu wirken; mich könnte es entmutigen, zu denken, dass ich es das ganze Leben durchsetzen muss.

Johannes XXIII. spricht die wesentlichen Elemente der Gelassenheit an:

> nicht alle Probleme sofort lösen wollen
> andere akzeptieren wie sie sind
> Änderungen bei uns selbst beginnen
> mit unveränderbaren Umständen kooperieren
> Zeit nehmen für die Muße
> Gutes unbemerkt tun, unabhängig vom Applaus
> uns im Tun nicht von der Lust abhängig machen
> Zeit entschieden planen, gleichzeitig offen bleiben
> uns wichtig nehmen und gleichzeitig relativieren
> Ängste wandeln in Freude am Schönen
> auf Gott vertrauen

• Welche Erkenntnisse und Fragen habe ich in diesem zweiten Buchteil für mich gewonnen?
• In welche Richtung möchte ich mich bezüglich engagierter Gelassenheit entwickeln?
• Und wie bewirke ich die gewünschten Veränderungen? Welches sind meine nächsten Schritte?

ENGAGIERTE GELASSENHEIT

Strebe nach Ruhe,
aber durch Gleichgewicht,
nicht durch den Stillstand deiner Tätigkeit.
Friedrich Schiller (Dichter und Dramatiker, 1759–1805)

»Engagierte Gelassenheit« ist in der traditionellen Logik eine sogenannte »contradictio in adiecto«, eine widersprüchliche Begriffsbildung, bei der einem Substantiv ein mit ihm logisch unvereinbares Attribut zugesprochen wird, wie beispielsweise beim »runden Quadrat«, dem »viereckigen Kreis« oder dem »hölzernen Eisen«. Dieses Buch thematisiert die engagierte Gelassenheit jedoch nicht als Gegenstand der klassischen Logik, sondern als konkrete existenzielle Erfahrung.

Worin liegt in unserem täglichen Tun der Unterschied zwischen »normaler« Gelassenheit und »engagierter« Gelassenheit? Um diese Frage beantworten zu können, ist eine kurze Klärung des Begriffs »Engagement« nötig. Normalerweise reden wir dann von einem engagierten Menschen, wenn dieser neben der 150%-Arbeitsstelle noch eine Familie hat, in mehreren Vereinen aktiv ist und trotz voller Agenda noch immer dazu kommt, regelmäßig Sport zu treiben und Meditationskurse zu besuchen. Der Ausdruck »Engagement« wird meistens quantitativ verstanden und wird meistens in Stunden und Überstunden beziffert. Wirkliches Engagement aber ist eine qualitative Größe: eine Aussage über die Art, Qualität und Intensität, in der wir uns mit Leidenschaft und Herzblut, Energie und Kreativität auf Menschen und Projekte, Institutionen und Arbeiten einlassen und das tun, was unserer Bestimmung und unserem Wesen entspricht. In der Fachliteratur findet man Definitionen wie: »Engagement ist ein positiver, erfüllender, affektiv-emotionaler Status von arbeitsbezogenem Wohlbefinden.«

Arbeit zeichnet sich aus durch einen bestimmten Energieaufwand und Tatkraft, eine innere Einbindung mit Identifikation und Hingabe, eine freudige Motivation und eine gewisse Konzentration bis hin zur Versunkenheit. Und aus alledem resultiert jeweils ein gewisser Erfolg. Der Engagierte und der Workaholiker unterscheiden sich dadurch, dass beim Arbeitssüchtigen der Energieaufwand und der Erfolg zum Zwang werden und die Freude kaum mehr eine Rolle spielt, während dem Engagierten die Arbeit grundsätzlich Freude bereitet. Der engagierte Mensch brennt für etwas oder jemanden, weil die Arbeit sie oder ihn erfüllt.

Die Abgrenzung zwischen »engagierter« Gelassenheit und »normaler« Gelassenheit können wir selbstverständlich nicht mit einer klaren Linie ziehen. Von »engagierter« Gelassenheit soll in diesem Buch jeweils die Rede sein, wenn die Haltung der Seelenruhe bewusst in Verbindung steht mit einem Wirken mit Herzblut, Leidenschaft und Hingabe.

Dass Engagement und Gelassenheit nur logisch, nicht aber im wirklichen Leben, einen Widerspruch darstellen, erfahren wir vor allem dort, wo wir quasi innerlich angekommen sind und wirklich das tun, was zu unserem Wesen und zu unserer Bestimmung gehört. »Gelassenheit gewinnt man nur in der Besinnung auf das Wesentliche«, sagte der frühere Bischof von Rottenburg-Stuttgart, Georg Moser (1923–1988). Dasselbe gilt für ein echtes Engagement. Dieses können wir nur leben, wenn wir uns auf das Wesentliche besinnen und das tun, wofür wir im tiefsten Innern brennen.

Brennen ohne auszubrennen

Ich bin das heimliche Feuer in allem
und alles duftet von mir.
Und wie der Odem im Menschen, Hauch der Lohe,
so leben die Wesenheiten und werden nicht sterben,
weil ich ihr Leben bin.
Ich flamme als göttlich feuriges Leben
über dem prangenden Feld der Ähren.
Ich leuchte im Schimmer der Glut,
ich brenne in Sonne, in Mond und Sternen,
im Windhauch ist heimlich Leben aus mir
und hält beseelend alles zusammen.
Hildegard von Bingen (Mystikerin, 1098–1179)

Vor 30 Jahren lief in den Kinosälen der Abenteuerfilm *Am Anfang war das Feuer* von Jean-Jacques Annaud. Die Neandertaler-

Gruppe der Ulam wird im Film vom »Homo erectus«-Stamm überfallen. Nach den Kämpfen geht der Steinzeitsippe auch noch das Feuer aus. Weil sie nicht wissen, wie man neues Feuer entfacht, drohen sie zu erfrieren. Drei junge Jäger machen sich darum auf die Suche nach neuem Feuer. Sie begegnen unterwegs vielen Gefahren und Kämpfen mit Mensch und Tier. Eines Tages retten sie die von Kannibalen gefangene Ika. Sie ist ein »Homo sapiens« und zeigt ihren Rettern die Technik des Feuerbohrens. Und als Happy End verlieben sich Ika und Naoh ineinander und treiben mit gemeinsamem Nachwuchs die menschliche Evolution einen Schritt voran.

Wir mögen über diesen seichten Science-Fiction-Streifen müde lächeln. Die Thematik ist aber zumindest als Metapher aktuell, existenziell und uns wohl bekannt: Seit je brennt in uns ein Feuer und wir nehmen es für selbstverständlich. Irgendwann erlischt es aber wegen eines inneren Kampfes oder eines äußeren Sturms. Wir sind oder fühlen uns ausgebrannt und die Welt wirkt auf einmal bedrohlich. Und wir wissen nicht, wie man neues Feuer entfacht und wie wir wieder zum Brennen gelangen. Darum machen wir uns auf den Weg nach neuem Feuer und müssen durch Prüfungen hindurch, ehe wir begreifen, wie es entzündet, geschürt und gepflegt werden kann.

Amors Pfeil und Bürgers Groll

Nicht alle erleben am Anfang das große Feuer. Bei manchen ist es nicht die Leidenschaft, die sie zur Berufswahl oder zu einem freiwilligen Engagement bewegt. In vielen Fällen genügt es, dass ein Freund oder eine Freundin sie fragt, ob sie bei dieser oder jener Aktion mitmachen würden. Oder irgendein Zufall führt sie dazu, diese oder jene Ausbildung zu machen. Blicken wir in unserer Biografie zurück, blättern in alten Tagebüchern, betrachten Fotoalben aus der Kindheit und der Jugend, so kommen uns wohl zahlreiche Momente und Situationen in den Sinn, wo wir für jemanden oder etwas brannten und Feuer fingen: für das erste Fahrrad, ein Paar Ski, die erste Reise im Flugzeug, für Hobbys sportlicher oder musikalischer Art und irgendwann für die erste große »Flamme«, als wir uns Hals über Kopf verliebten. Auch am Anfang unserer Berufswahl und nach Weiterbildungen, Stellen- und Ortswechseln hat vermutlich ein Feuer in uns gebrannt und unser Herz war voller Begeisterung, Faszination und Enthusiasmus. Wann und wo, warum und wofür Menschen brennen, ist höchst unterschiedlich:

»Ich spüre das innere Feuer bei einer neuen Liebschaft.« (Mann, 48 Jahre)

»Feuer spüre ich, wenn ich in meinem Beruf als Journalist einem Thema auf der Spur bin oder eine längere Radiosendung abmische.« (Mann, 38 Jahre)

»Kinder geben mir Feuer, um mich für sie einzusetzen, vor allem für benachteiligte und schwache Kinder.« (Frau, 37 Jahre)

»Inneres Feuer spüre ich, wenn eine Idee meiner Fantasie entspringt, wenn eine Zusammenarbeit mit spannenden Menschen in Aussicht steht oder wenn Ideen und Vorstellungen eine Chance zur Verwirklichung haben.« (Frau, 57 Jahre)

»Es lodert Feuer in mir, wenn es darum geht, etwas Neues zu schaffen, vielleicht sogar an der Realisierung von Visionen mitzuarbeiten.« (Frau, 38 Jahre) »Inneres Feuer brennt, wenn ich vom Ziel

meines Handelns ganz überzeugt bin und wenn ich das Gefühl habe,
mit anderen an einem wichtigen und großen Ziel zu arbeiten.«
(Frau, 52 Jahre)
»Brennen tue ich in meiner Rolle als Mutter, vor allem wenn ich
meinen Kindern helfen kann, stark zu sein.« (Frau, 38 Jahre)

Wer oder was ist dieses geheimnisvolle Feuer? Wie können
wir die Kraft benennen, die uns zum Geigespielen antreibt
und zum Medizinstudium anfeuert? Und woher kommt dieses innere Feuer? Ist es göttlicher Natur oder etwas Vererbtes?
Können wir das innere Feuer mit einer speziellen Technik entfachen wie die Neandertaler im Film? Wieso ist dieses Feuer
manchmal besonders zu spüren und zerreißt uns beinahe?
Und warum scheint es über längere Phasen hinweg wie erloschen und nur schwach zu glimmen? Wieso können wir uns
für eine gewisse Sportart fast fanatisch begeistern und warum
können Mathematiker oder Komponistinnen, Dichter oder
Entwicklungshelferinnen jahrelang mit grenzenloser Leidenschaft, Herzblut und Hingabe sich einer einzigen Sache oder
Idee widmen, ohne dass das lodernde Feuer auszubrennen
droht? Was macht es, dass wir täglich Hunderten von Menschen begegnen und plötzlich Herz und Leib vibrieren, wenn
uns ein ganz bestimmter Mensch über den Weg läuft? Warum
engagieren wir uns beispielsweise nicht für die Rechte der
Kinder in den Kupferminen und Kakaoplantagen, setzen aber
viel Herzblut, Zeit und Geld für das Fotografieren von Gewitterblitzen und Sammeln von Briefmarken ein?

Wenn ich in Biografien radikal engagierter Menschen wie
Mahatma Gandhi oder Mutter Teresa, Albert Schweitzer oder

Marie Curie, Leonard Bernstein oder Karlheinz Böhm, Daniel
Berrigan oder Reinhold Messner, Dag Hammarskjöld oder
Jane Fonda nach den Gründen ihrer mutigen und leiden-
schaftlichen Hingabe suche, steht am Anfang meistens entweder eine sehr starke positive Anziehung und Faszination oder
das pure Gegenteil: Skandalisierung, Empörung und Protest.
Natürlich ist uns Anziehung und Faszination lieber als Empörung und Abstoßung. Doch letztlich kommt es nicht darauf
an, was das Feuer entfacht, das uns zum Engagement treibt,
sondern dass wir überhaupt an einem bestimmten Punkt im
Leben Feuer fangen. Der Philosoph und Schriftsteller Albert
Camus (1913–1960) schrieb in Anlehnung an Descartes *cogito
ergo sum*: »Ich empöre mich, also bin ich.« Neben Anziehung
und Empörung gibt es eine Reihe weiterer Gründe, die in uns
inneres Feuer als Auslöser für ein Engagement bewirken. Nicht
selten löst eine Reise in die Dritte Welt, ein Praktikum bei sozialen Randgruppen, ein Schicksal in der Familie, eine ökologische Tragödie oder eine spirituelle Erfahrung inneres Feuer
aus, das zu konkretem Engagement führt:

> »Der Grund für mein Engagement ist das Interesse für Menschen
> und überhaupt für die Welt und die Geschichte. Oft bringen mich
> soziale Missstände auf die Palme und in der Folge zu einem Enga-
> gement.« (Mann, 57 Jahre)
> »Ein inneres Feuer spüre ich, seit ich 15 Jahre alt bin und ange-
> fangen habe, für die Lokalzeitung zu schreiben. Woher dieses Feuer
> kommt, weiß ich allerdings nicht, es ist einfach eine Leidenschaft.«
> (Chefredaktor, 36 Jahre)
> »Auslöser der Gründung eines Care-Teams war meine Erfahrung

im Rettungsdienst, wo immer wieder *Seelsorger und Psychologen in den ersten Augenblicken am Unfallort fehlten und wo Rettungskräfte menschlich an Grenzen gelangten.«* (Frau, 52 Jahre)

»Viele Gründe führten zu meinem Friedens-Engagement bei gewaltsamen Jugendlichen: Gerechtigkeitssinn, Freude an der Arbeit, das Privileg von Bildung, Ressourcen, Vernetzung und Wissen, die Werte meiner Eltern, die kritische Betrachtung dank Auseinandersetzung mit verschiedenen politischen Theorien, die Familiengeschichte [Sohn von Flüchtlingen], meine Gesundheit sowie die Minderheit-Situation als Jude.« (Mann, 52 Jahre)

Viele Menschen spüren zwar zutiefst, dass sie mehr aus ihrem Leben machen möchten. Sie spüren dies als innere Sehnsucht, ethische Pflicht oder bürgerliche Notwendigkeit. Gleichzeitig können sie aber nicht genau sagen, wofür sie konkret brennen und sich engagieren wollen, sollen oder könnten. So wie es den »Mann ohne Eigenschaften« in Robert Musils Hauptwerk gibt, begegne ich in der Beratung und in Kursen oft Frauen, Männern und Jugendlichen ohne spezielle Leidenschaften. Viele wissen und spüren nicht, wofür ihr Herz brennt, sie interessieren sich für nichts speziell, erwärmen und erhitzen sich für keine besonderen Themen und Fragen. Sie würden aber gern für etwas oder jemanden brennen und entdecken, welches ihre wesentliche Bestimmung und eigentliche Aufgabe im Leben ist. Bei manchen stellen sich diese Fragen nach einem sinnvollen Wirken in der Welt erst anlässlich der bevorstehenden Pensionierung, wenn sie endlich einmal über genügend Ressourcen an Zeit und Geld verfügen und tun dürfen oder müssen, wofür sie eine tiefe Lust und Sehnsucht spüren.

Wie, auf welchen Wegen und mit welchen Hilfen und Methoden können wir unser inneres Feuer entdecken? Meistens gebe ich den Suchenden in Beratungen und Kursen die gleiche Hausaufgabe: bei der Zeitungslektüre, beim Schauen und Hören von Nachrichten oder auch in Diskussionen mit Freunden darauf zu achten, welche Themen in ihnen starke Emotionen oder gar körperliche Reaktionen auslösen. Ganz egal, ob die Themen sie zum Gähnen oder auf die Palme bringen, Wut oder Spannung, Ekel oder Rebellion, Anziehung oder Faszination auslösen. Wo in uns starke Impulse auf der einen oder anderen Seite spürbar werden und wo Feuer in uns auflodert, haben die Themen etwas mit uns, mit unserer Bestimmung, Berufung oder Lebensaufgabe zu tun. Es muss auch nicht zwingend die Zeitung oder das TV-Gerät sein, das uns Anhaltspunkte liefert für das, was wir tief in unserem Inneren wirklich wollen oder zu tun haben. Das Leben ist voll von Zeichen und Hinweisen. Es gilt lediglich, unsere Sinne und unser Herz dafür zu öffnen und den Mut zu haben, dem inneren Brennen zu folgen.

Feuerwache und Zündschnurpflege

Wer als Pfadfinder das Feuerentfachen lernt, muss zuerst einen geeigneten Ort und trockenes Holz in verschiedenen Größen besorgen, Steine um die Feuerstelle legen, etwas Papier unter den Scheiterhaufen legen und dieses mit einem Streichholz entzünden. Später muss er das Feuer beobachten, manchmal Holz nachlegen und durch kräftiges Pusten Frischluft zuführen. Im übertragenen Sinn braucht auch unser inneres Feuer permanente Pflege und Nahrung, wenn es weder modern noch sich verzehren soll, sondern wie der biblische Dornbusch oder das »ewige Licht« in katholischen Kirchen beständig brennen soll. Unser inneres Feuer, unsere Begeisterung braucht Nahrung wie unser Körper und Geist, die wir weder hungern lassen noch vollstopfen. Die innere Feuerwache ist eine tägliche Aufgabe.

Eine tägliche Feuerpflege besteht darin, dass wir abends beim Tagesrückblick unserem inneren Feuer nachspüren. Hilfreich ist auch eine regelmäßige externe Feuerwache respektive eine spirituelle Begleitung oder ein Coaching.

Der sicherste und nachhaltigste Weg zur Erhaltung des inneren Feuers, das wir für ein gelassenes Engagement sowie zur Prävention gegen ein Ausbrennen benötigen, ist unsere innere Verbundenheit zum Feuer, das in der Welt an unzähligen Orten und in zahllosen Herzen brennt. Entscheidend ist, dass wir unser eigenes Feuer nicht isoliert sehen und nähren, hegen und pflegen. Es ist unsere tiefe innere Verbundenheit mit der Welt, mit den anderen Lebewesen und allem Leben, die uns als permanente Zündschnur und beständig glimmender Docht dient. Wenn wir mit der Welt verbunden sind, erhalten wir unerschöpfliche Ressourcen für unser Engagement und laufen nicht Gefahr, dass unser Feuer erlischt und wir einen Burnout erleiden. Die spirituelle Erfahrung, dass wir Teil der Welt sind, schenkt uns immer wieder neu die nötige Energie, den langen Atem, die Zuversicht und die Hoffnung für ein nachhaltiges, mutiges und zugleich gelassenes Wirken.

Inneres Feuer nimmt im Verlauf unseres Lebens nicht zwingend in einer Weise ab, wie es der 71-jährige Vater eines Schulfreundes formuliert: »Im Alter brennt das Feuer seltener im

Herzen, dafür öfters im Kamin.« In Zürich lebt meine tief verehrte Freundin Silvana, die 92 Jahre jung ist. Ich sage nicht darum »jung«, weil sie sich kleidet oder spricht wie eine Teenagerin, sondern weil sie Liebesgedichte und Theaterdramen schreibt, fremde Menschen auf der Straße ungeniert anspricht, im Meer schnorchelt, Ökologieprojekte lanciert, Zen-Meditation übt, neue mikrobiologische und astrophysische Theorien studiert, über Autorenfilme debattiert und sich noch immer verlieben kann wie eine Studentin im ersten Semester. Ihr Geist ist eine unerschöpfliche Feuerstelle. Dass ihr Feuer trotz physischer Handicaps permanent brennt, ist zweifellos die Folge einer unendlichen Liebe zu den Menschen, zum Leben und zur Welt sowie eine Gelassenheit, die durch den Tod von zwei Ehemännern und das Überleben von zwei Weltkriegen zutiefst geläutert wurde. Und schließlich brennt ihr Feuer lebendig, lichterloh und ungehemmt wegen ihrer Unerschrockenheit und Angstfreiheit dem eigenen Tod gegenüber.

Verzehrende Leidenschaft

Feuer ist nicht nur schön, nicht nur wärmend und lichtspendend. Feuer besitzt eine hohe Zerstörungskraft. Die christliche Theologie hat den Menschen während Jahrhunderten Angst eingejagt mit der Lehre vom Fegefeuer, in dem wir nach dem Tod geläutert werden, sowie dem Höllenfeuer, in dem die Bösen für alle Zeiten schmoren sollen. Als ich letzthin ein Seminar für ein Arbeitsteam hielt, meinte eine junge Frau: »Bei uns brennt es!« Sie meinte damit, dass große Spannungen und Konflikte im Team existierten. Folglich war sie etwas erstaunt, als ich ihr sagte, dass ich mich über dieses Brennen freuen würde. Selbstverständlich wünsche ich keiner Familie und keinem Arbeitsteam, dass das Feuer zwischen ihnen so brennt, dass es zerstörerisch wirkt auf die Liebe oder den Respekt füreinander. Dass aber zwischendurch falsche Friedhöflichkeit und vorschnelle Harmoniebestrebungen im Zusammenleben und in der Zusammenarbeit aufbrechen, ist heilsam.

Feuer und Leidenschaft sind nicht nur schön und angenehm. Die Leidenschaft wird immer dann gefährlich, wenn sie absolut gesetzt wird und autoritär, blind, obsessiv und ideologisch wird. Inquisition oder Nationalsozialismus sind nur zwei Begriffe für diese Perversion von Leidenschaft. Leidenschaft und inneres Feuer müssen sich mit Gelassenheit paaren, wenn sie große Ziele und visionäre Projekte erreichen wollen und uns nicht als eigendynamischer Zwang verschlingen sollen. Leidenschaft und Gelassenheit, Begierde und Seelenruhe vertragen sich nicht immer harmonisch und synergetisch. Sie sind eher wie Geschwister – mit all den typischen Geschwisterkonflikten.

- Wofür brennt mein Herz und glimmt nicht nur?
- Was braucht mein inneres Feuer, um weder nur zu glimmen noch auszubrennen?
- Wie viel Feuer habe ich? Glut, Funke, loderndes Feuer?
- Springen Funken auf andere über?

Klare Ziele und offene Wege

Tue das Gute vor dich hin
und bekümmere dich nicht,
was daraus werden wird.
Matthias Claudius (Dichter, 1740–1815)

Ich komm', ich weiß nicht woher,
ich bin, ich weiß nicht wer,
ich tu' und weiß nicht, was ich kann,
ich sterb', ich weiß nicht wann,
ich geh', ich weiß nicht wohin,
mich wundert's, dass ich so glücklich bin.
Heinrich von Kleist (Dramatiker und Lyriker, 1777–1811)

Das ist mein Weg, welches ist dein Weg?
DEN Weg gibt es nicht.
Viele verfolgen hartnäckig den Weg,
den sie gewählt haben,
aber nur wenige das Ziel.
Friedrich Nietzsche (Philosoph und Dichter, 1844–1900)

Wie sich engagierte Gelassenheit konkret äußern kann, formulierte der Musikkritiker Peter Hagmann von der *Neuen
Zürcher Zeitung* treffend in einem Artikel über das Konzert vom
19. August 2007 im Luzerner Kulturzentrum. Ergriffen be-
schrieb er, wie der damals 74-jährige Claudio Abbado die
3. Sinfonie von Gustav Mahler mit dem selbst zusammen ge-
stellten Lucerne Festival Orchestra dirigierte:

»Dazu kommt schließlich die Gelassenheit Claudio Abbados. Nicht dass er sich zurücklehnte oder gar desengagiert wirkte, seine innere Energie und seine Aura sind vielmehr ungebrochen. Aber jede Form des Erzwingens, jede Art Druck oder Anspannung sind ihm fremd; und weil er sich unter Könnern und Freunden aufgehoben fühlt, ergibt sich gegenseitiges Vertrauen und entsteht die Musik gleichsam von selbst. Das Ziel steht fest und wird von allen Beteiligten getragen; auf dem Weg dazu, so macht es den Anschein, herrscht ein hohes Maß an Selbstverantwortung, fördert der Dirigent das Potenzial des Einzelnen, sei er alt und erfahren oder jung und lernbegierig, um es im Kollektiv fruchtbar werden zu lassen – ein Beispiel für gelungene Menschenführung in einem hochspezialisierten Umfeld. Und ungefähr das Gegenteil dessen, was man sich landläufig unter dem Wirken eines Dirigenten vorstellt. Denn gerade nicht um Selbstverwirklichung auf einen Schlag geht es hier; im Vordergrund steht vielmehr die Erfahrung, dass gerade dort, wo Raum gelassen wird, das Besondere entsteht.«

Das Wesen der engagierten Gelassenheit wird in dieser Konzertkritik wunderbar beschrieben als ein zielstrebiges und leidenschaftliches Wirken, das gleichzeitig bezüglich der Wege und des Vorgehens maximale Offenheit und Freiheit zulässt und sich mit den eigenen fixen Vorstellungen zurücknimmt. Engagierte Gelassenheit zeigt sich dort, wo wir die existierende Differenz und Verschiedenheit, Vielfalt und

Komplexität des Lebens und der Welt in unsere Aktionen integrieren. Menschen, für die alles klar und eindeutig, weiß oder schwarz, gut oder böse ist und sein muss und die immer alles im Griff haben und für alles klare Konzepte erstellen wollen, können engagierte Gelassenheit nie erfahren. Engagierte Gelassenheit ist fokussierte Hingabe bei gleichzeitiger Offenheit. Ein gut befreundeter Maler geht auf Grund seiner spirituellen Praxis immer mehr mit einer inneren Haltung an seine Werke und weiß am Anfang meistens nicht, was im Prozess des Malens entstehen wird. Mit innerem Feuer und voller Präsenz lässt er sich führen. Der Akt des Malens wandelt sich bei ihm immer mehr vom Machen zum Geschehen-Lassen und Empfangen. Gelassenes Engagement besitzt ein klares Anliegen, eine hohe Bereitschaft zur Hingabe, ist angetrieben von einem starken Feuer und strebt nach einem bestimmten Ziel. Und gleichzeitig verzichtet das gelassene Engagement auf einen starren Zeitrahmen, eine allzu enge Form und einen einzigen möglichen Weg, um die angestrebte Veränderung zu bewirken.

Wir können und müssen nicht immer alles verstehen. Und auch nicht sofort. Engagierte Gelassenheit bedeutet, mit den Widersprüchen und offenen Fragen, dem Paradoxen und Geheimnisvollen in uns, in der Welt und bezüglich der transzendenten Wirklichkeit konstruktiv umzugehen. Oder wie Rilke es formulierte: die Fragen leben und in die Antworten hinein wachsen.

Engagierte Gelassenheit im Sinn eines klaren Ziels und Auftrags bei gleichzeitiger Offenheit bezüglich der Wege und Mittel können wir nicht zuletzt vom Schöpfer allen Lebens lernen. Einerseits hat er gemäß der Bibel die Welt und den Menschen mit Herzblut und Leidenschaft geschaffen und dieses Werk auch mit einem klaren Ziel und Auftrag verbunden: Der Mensch soll darin das Leben schützen und fördern, Verantwortung tragen sowie dem Frieden und der Gerechtigkeit dienen. Gleichzeitig hat der Kreator dem Menschen völlige Freiheit geschenkt, ob und wie er dieses Ziel erreichen will. Dass diese Entlassung in die Freiheit einen sehr hohen Preis hatte und im Lauf der Geschichte unendlich häufig missbraucht wurde, wissen wir zur Genüge. Trotzdem ist es genau diese Haltung, die Eltern, Pädagogen und letztlich alle Menschen entwickeln müssen, wenn sie Verantwortung für andere tragen wollen und müssen und dabei nicht vor Sorgen gelähmt werden wollen. Das Wirken mit engagierter Gelassenheit schenkt anderen ein Maximum an Vertrauen und Freiheit.

Sinnvolle Nähe und nötige Distanz

Das müssen wir auch lernen, liebe Schwester,
andere ihr Kreuz tragen zu sehen
und es ihnen nicht abnehmen zu können.
Es ist schwerer als das eigene zu tragen,
aber wir kommen auch daran nicht vorbei.
Sr. Edith Stein (Philosophin, KZ-Opfer, 1891–1942)

Das alles betrifft mich
und betrifft mich doch nicht.
Etty Hillesum (KZ-Opfer, Tagebuch-Autorin, 1914–1943)

Ein Engagement kann absolut entgleisen und pervertiert werden, wenn es zur Distanzierung unfähig wird und dem Fundamentalismus oder Dogmatismus, Fanatismus oder Totalitarismus verfällt. Die innere Haltung der Gelassenheit muss sich mit dem Engagement so verbinden, dass wir in unserem Engagement stets fähig bleiben zur Distanz gegenüber uns selbst, unseren Denkmustern sowie gegenüber den möglichen Wegen und Mitteln, mit denen wir unsere Ziele erreichen wollen.

Echtes Engagement zeigt sich einerseits in der Fähigkeit zur *Compassion*, zum tiefen Mitgefühl und Mitleiden mit anderen Menschen und der Umwelt. Andererseits wissen wir heute nur allzu gut um die Gefahr, fremdes Leiden zum eigenen werden zu lassen. Darum ist es in manchen Situationen sinnvoller, von »Leiden mittragen« als von »mitleiden« zu sprechen. Die Spannung und das rechte Maß zwischen leidenschaftlicher Empathie und gelassenem Bei-sich-Bleiben fordern uns auf der partnerschaftlichen, beruflichen, gesellschaftlichen sowie religiösen Ebene permanent heraus.

Die Spannung zwischen Nähe und Distanz, Empathie und Bei-sich-Bleiben erleben nicht alle Menschen gleich und entwickeln deshalb auch unterschiedliche Strategien, um in ihrer engagierter Gelassenheit mit diesem Dilemma möglichst konstruktiv umzugehen:

»Ich erlebe es als schwierig, mich mit engagierter Gelassenheit auf jemanden oder etwas einzulassen. Dabei ist mir der Leitspruch ›Es kommt auf mich an, hängt aber nicht allein von mir ab‹ hilfreich, obschon er mir im konkreten Einzelfall die Entscheidung über das gute Maß von Nähe und Distanz, Empathie und Abgrenzung natürlich nicht abnimmt.« (Mann, 62 Jahre)

»Hilfreich für die Gratwanderung von Nähe und Distanz ist mein gleichzeitiges Stehen in mehreren Lebenswelten. Distanz gelingt mir, indem ich nicht vergesse, dass es noch andere Lebenswelten gibt, mit anderen Menschen, anderen Themen, anderen Erfahrungen und indem ich immer mal wieder in das jeweils ›andere Leben‹ hinüber wechsle, somit den Blick nicht verenge, mich vom einen auch mal ab- und dem anderen zuwende.« (Frau, 49 Jahre)

»Ich glaube, dass mir diese Balance gerade hier in China immer besser gelingt. Hier sind Distanz und Abgrenzung besonders nötig, weil man leicht aufgefressen werden kann von den zahllosen Einsatzmöglichkeiten. Distanz-Nehmen ist hier ein notwendiger Selbstschutz.« (Mann, 52 Jahre)

»Das rechte Maß von Nähe und Distanz gelingt mir, wenn ich zentriert den Tag mit Meditation beginne. Wenn ich im Einklang bin mit mir selbst, dann bin ich einerseits empathisch und andererseits so sehr im Selbstkontakt, dass ich mich auch nicht unbegrenzt verausgabe.« (Frau, 39 Jahre)

Wie viel Nähe ist professionell?

Je nach Beruf ist das richtige Maß von physischer und emotionaler Nähe und Distanz sehr unterschiedlich. Je größer die physische Nähe und das Machtgefälle zu Klientinnen und Klienten sind, umso mehr innere Klarheit und emotionale Distanz sind erforderlich. Berufliche Distanz zum Gegenüber, zum Sachverhalt oder Objekt fällt einem Historiker, einer Ethnologin, einem Paläontologen, einer Astrophysikerin oder einem Systemtheoretiker wohl leichter als einem Richter beim Kriegsverbrecher-Tribunal, einer Notärztin oder einem Feuerwehrmann am Unfallort, einem Fußball-Schiedsrichter im WM-Finale oder einer Psychotherapeutin, die mit Sexualstraftätern arbeitet, einem Maler oder einer Komponistin. Speziell in drei Situationen fällt das optimale Maß von Nähe und Distanz schwer: bei großer eigener Betroffenheit, bei starker Empathie für oder bei außerordentlicher Abneigung gegen eine Person, mit der wir verhandeln, über die wir schreiben oder die wir unterrichten, beraten, heilen oder therapieren sollten. Weil sich die Frage nach sensibler Empathie und objektiver Distanznahme speziell im Journalismus stellt, habe ich einige KollegInnen zu dieser Spannung befragt.

Die Radio-Korrespondentin Iren Meier berichtete während des Balkankriegs in den 90-er Jahren fast täglich über den Genozid. Seit sieben Jahren berichtet sie aus dem Nahen Osten. Über die Gratwanderung eines gelassen-engagierten Journalismus schreibt sie:

»Im Konflikt gibt es immer die Fronten. Als Journalistin bewegt man sich dazwischen, geht von einer zur anderen – mit der Frage im Hinterkopf: Wer hat Recht? Wer ist glaubwürdiger? Und da sind die ethischen Regeln des Berufes: sich nicht gemein machen mit einer Sache, mit einer Seite. Distanz wahren, drei Schritte zurück. Nicht Partei nehmen. Ausgerechnet in einem Konflikt oder Krieg, wo es einen hineinzieht mit allen Sinnen, wo die überwältigende Wirklichkeit kaum Raum und Ruhe lässt für klares Abwägen und konzentrierte Reflexion. Es ist eine Illusion zu glauben, der Journalist könne mitten im Krieg der kühle, abgeklärte Beobachter bleiben. Wenn die zivile Ordnung des Lebens zusammenbricht, wenn sich die Abgründe des menschlichen Seins und Tuns öffnen, dann berührt und erschüttert das jeden und jede von uns, ungeachtet seiner oder ihrer äußeren Gefasstheit. Jeder einzelne ist in einer solchen Grenzsituation gefordert in seinem Beruf, seiner Professionalität, in seiner Persönlichkeit, in seinem Menschsein. Wir können den Ernstfall Krieg als Journalisten nicht üben, sondern werden hineingeworfen in eine Situation, die uns zu verschlingen droht. In der wir uns Schritt für Schritt orientieren und langsam vorantasten müssen. Es ist immer eine Überforderung. Wir sind ihr nicht gewachsen. Tun aber oft so.«

Viele JournalistInnen erleben die Spannung zwischen Empathie und Distanz auch in der friedvollen Schweiz und betonen darum die Notwendigkeit der engagierten Gelassenheit:

»Die Schwierigkeit zur objektiven Distanz erlebe ich bei besonderer innerer Empörung, etwa wenn ich auf Grund einer Recherche herausfinde, dass ein Politiker sich als Wendehals benimmt, unlautere Absichten hat und ich dies möglichst objektiv schildern muss. Kann man das Thema zugleich kommentieren, hilft das, einen möglichst objektiven Text dazuzustellen.« (Mann, 38 Jahre)

»Schwierig ist das Schreiben, wenn ich über Menschen berichte, die eigentlich besonders distanziert bis kritisch beleuchtet werden sollten und ich persönlich tief betroffen bin von der Begegnung. Wenn mir etwa ein junger Mörder von seinem Leben erzählt.« (Frau, 38 Jahre)

»Der journalistische Grundsatz, alle Beteiligten eines Konfliktes mit ihren besten Argumenten abzubilden hat mir immer wieder geholfen, einen Schritt zurück zu tun und die Sache aus etwas mehr Distanz anzusehen. Zudem erlebte ich in den letzten 30 Jahren das Eingebundensein in ein kritisches Redaktionsteam als sehr hilfreich.« (Mann, 65 Jahre)

»Eine Schwierigkeit in der journalistischen Arbeit ist die, dass meine Gesprächspartner mein Einfühlungsvermögen und meine Anteilnahme gerne mit Freundschaft verwechseln. Nach den Interviews muss ich ihnen oft klarmachen, dass ich nicht ihr Freund bin, sondern Journalist.« (Mann, 42 Jahre)

»Ich stelle mir beim Schreiben jeweils den unbefangenen Leser vor, der noch nichts vom Fall gehört hat – und nicht von einem von Beginn an empörten Journalisten ins Thema eingeführt werden will. Hilfreich ist zudem das Gegenlesen durch unbefangene Kollegen.« (Mann, 38 Jahre)

»Nach vielen Jahren Berufserfahrung gelingt es mir heute, in Gesprächen auch bei harten Schicksalen nur das für den Leser Interessante herauszuholen. Früher saß ich stundenlang da, hörte geduldig endlose Geschichten an und wurde irgendwann ungeduldig und sauer auf mich selbst.« (Frau, 38 Jahre)

»Ich versuche, möglichst jede Geschichte so zu erzählen, dass sie auch jemand versteht, der sich noch nie mit dem Thema beschäftigt hat und über keine einschlägige Bildung verfügt. Das schafft beim Schreiben eine gewisse Distanz.« (Mann, 57 Jahre)

Dass Distanz im Beruf nicht automatisch Professionalität bedeutet und dass Nähe nicht automatisch Unprofessionalität ausdrückt, zeigt sich nicht nur im Journalismus und in der Kunst, am Krankenbett und in der Sozialarbeit. Ein eindrückliches Beispiel las ich im Schweizer Straßenmagazin *Surprise*. Angela Montanile, die Chefin der Züricher Sittenpolizei, erzählte dort in einem Interview:

> »Klar lernt man bei der Polizei die Distanz zu wahren, aber wir sind auch nur Menschen. Was wir bei der Arbeit erleben, tragen wir mit uns. Das ist wie eine Festplatte, die immer voller wird. Beim Verarbeiten helfen Gespräche mit Arbeitskollegen, die interne Supervision und auch die Familie daheim oder Sport.«

Kranke Nähe, gesunde Distanz

Seit mehreren Jahren steckt vor allem die katholische Kirche in einer tiefen Krise, weil in pädagogischen Institutionen und Pfarreien seit den 50-er Jahren massivste sexuelle und gewaltsame Übergriffe und Missbräuche durch Priester und Ordensleute verübt und von den Kirchenleitungen gedeckt und vertuscht wurden. Es waren vor allem zölibatär lebende Männer, die in großer emotionaler Nähe mit Kindern und Jugendlichen lebten, die Abhängigkeit und Machtdifferenz ausnützten und die Generationenschranke, die Würde und das Selbstbestimmungsrecht der schutzbefohlenen Minderjährigen ignorierten und verletzten. Gerade solche Extrembeispiele zeigen auf, dass engagierte Gelassenheit nicht nur eine tugendhafte Ergänzung für ein paar besonders Erleuchtete ist, sondern gerade in Bezug auf die stimmige Nähe und Distanz eine notwendige Voraussetzung für alle professionellen Beziehungen darstellt.

Der Missbrauch von Nähe hat gerade in sozialen und kirchlichen Berufen sowie in der Krankenpflege zu einer extremen Vorsicht im Kontakt mit anvertrauten Menschen geführt. Studierende in der Ausbildung für soziale Berufe und sogar für die Sterbebegleitung werden auf eine professionelle Distanz hin getrimmt, die einen normalen menschlichen Kontakt zu den Klienten und Patientinnen – oft bewusst ›Fälle‹ genannt – beinahe verunmöglichen.

Sich abgrenzen und Verantwortung abgeben

In der Pädagogik, in der Sozialarbeit und im Gesundheitsbereich ist die engagiert-gelassene Distanz nicht nur wegen der Gefahr von Übergriffen besonders wichtig, sondern auch weil die anvertrauten und schutzbefohlenen Schüler, Patientinnen und Klienten in der Beratung gern ihre Selbstverantwortung und Entscheidungen an die Fachleute und Spezialistinnen delegieren. Andererseits müssen Ärztinnen und Ärzte auch mit engagierter Gelassenheit akzeptieren können, dass beispielsweise Krebskranke auf Chemo-Therapien und Bestrahlungen verzichten wollen und dadurch am eigenen Chirurgen-Ego kratzen. Und Lehrpersonen müssen akzeptieren, wenn ihre Muster- und Lieblingsschüler nicht aufs Gymnasium wollen, kein Studium ergreifen möchten oder gar die Ausbildung abbrechen.

Am schwierigsten fällt die engagiert-gelassene Distanz wohl Eltern in Bezug auf ihre eigenen Kinder. Eine Bekannte schrieb mir vor zwei Jahren in einem Brief:

»Lieber Luk, privat hat sich einiges getan: B., unsere 17-jährige Tochter, will ihre Berufsausbildung hinschmeißen. Natürlich hat sie – und wir natürlich auch – große Ängste, wie es weitergehen soll. Ich versuche mich aber mehr und mehr abzugrenzen. Ich muss lernen, dass ich ihr die Verantwortung ganz übergebe und mir keine Sorgen mache, wenn sie diese nicht wahrnimmt. Es ist ihr Leben, es sind ihre Entscheidungen und sie muss die Konsequenzen letztlich selbst tragen.«

Besonders schwer fallen uns Distanz und Abgrenzung, wenn sich unsere Liebsten und Nächsten sukzessive zu Grunde richten, wenn etwa der Partner zur Flasche, die Partnerin zu Tabletten oder das eigene Kind zu Drogen greifen. Eine Frau erzählte mir letzthin, dass sie es extrem bereue, ihren arbeitslosen, alkohol- und drogensüchtigen Bruder jahrelang finanziell unterstützt zu haben, weil sie ihm dadurch die Selbstverantwortung raubte und in ihrem Helfer-Syndrom eine positive Veränderung höchstwahrscheinlich um Jahre verzögerte. Viele Angehörige und Freunde werden durch fehlende Distanz zu Suchtpatienten zu sogenannten Co-Abhängigen.

Engagierte Gelassenheit zeigt sich speziell dort und dann, wo wir unsere Energie nicht zu sehr auf die Probleme anderer fokussieren, sondern Mut zu Grenzziehungen und sowohl die eigene Verantwortung als auch die Selbstverantwortung des Gegenübers respektieren und fördern. Engagierte Gelassenheit wird da spürbar, wo wir lernen zu lieben, zu sorgen und verbunden zu sein, ohne uns lähmen zu lassen und ohnmächtig zu werden.

Da heute viele Menschen ein hohes Alter erreichen, pflege-
bedürftig werden und nicht mehr wie früher ein Dutzend
Kinder haben, fragen sich immer mehr 40- bis 60-Jährige,
wie weit sie etwa als Einzelkind mit Beruf und Familie für ihre
Eltern konkret Verantwortung tragen können und dürfen, wollen und müssen: wirtschaftlich, rechtlich, moralisch und vom
Gewissen her.

Partnerschaft – Erotik – Mystik

Die intensivste und herausforderndste Form von Nähe erleben wir in der Liebe und Beziehung zur Partnerin oder zum
Partner. Wir wollen unsere Liebsten selbstverständlich zu
den glücklichsten Menschen auf Erden machen, aber dürfen
und können ihnen die Verantwortung für ihre eigene Zufriedenheit dennoch nicht ab- und übernehmen. Wenn ich jeweils Paare auf ihre Hochzeit oder Paarsegnung vorbereite,
kommt immer auch die stimmige Nähe und Distanz in der
Beziehung zur Sprache. Ich ermutige die Paare jeweils, dass
sie die Bereitschaft zu stimmiger Nähe und das Bedürfnis
nach nötigen Grenzen im Ehe-Versprechen explizit formulieren.

Der Schlüssel zum rechten Maß von Nähe und Distanz liegt
in der altbacken klingenden »Hingabe«. Neulateinisch klingt
»devotion« oder »dedication« zweifellos attraktiver. Auch
wenn wir heute nicht mehr eine Hingabe leben wollen und
können wie mittelalterliche Ordensfrauen oder preußische
Soldaten, die blinden Gehorsam gelobten, kann unser inneres
Feuer nie wirklich lichterloh brennen, wenn wir uns nicht
Menschen und Projekten, Idealen und Gemeinschaften voll

und ganz hingeben können. In der Hingabe geschehen zwei Dinge gleichzeitig: das Loslassen der Angst um unser kleines Ego und das Einswerden mit anderen. Das englische Wort »dedication« bedeutet Hingabe und Widmung. Wenn ich mich mit meiner Zeit und meinen Gedanken, meiner Energie und meiner Liebe, meiner Aufmerksamkeit und allen anderen Ressourcen ganz einer Person oder Sache widme und hingebe, kann ich mich nicht gleichzeitig beunruhigen lassen von zahllosen Wenn und Aber, Fragen und Zweifeln, Ängsten und Sorgen, Fixierungen und Erwartungen.

Vor allem zwei Formen der Hingabe bilden die Krönung engagierter Gelassenheit: die Mystik und die Erotik. Ziel des mystischen Weges ist die restlose Verschmelzung und Einung mit Gott. Bei Bruder Klaus kommt dies in der berühmten Bitte zum Ausdruck: »Nimm mich mir und gib mich ganz zu eigen dir.« Die Mystikerin Teresa von Ávila vergleicht die Vereinigung mit Gott ähnlich wie das biblische Hohelied der Liebe mit dem Geschlechtsakt zwischen Braut und Bräutigam.

Gelungene Sexualität setzt wie die Mystik die Gabe zur grenzenlosen Hingabe voraus. Dass mehr als die Hälfte der Paare Sexualität als einen belastenden Faktor in der Beziehung empfinden, hat weitgehend mit der Schwierigkeit zu tun, die Kontrolle über sich ganz aufzugeben und sich der anderen Person schutz- und bedingungslos hinzugeben. Wer sich und seine Umgebung ständig im Griff haben muss, kann weder eine erfüllte Sexualität noch ein Einswerden mit Gott erfahren.

- Wann und wo empfinde ich die Gratwanderung zwischen leidenschaftlichem Engagement und nüchterner Distanz im Beruf, im gesellschaftlichen Engagement, in Partnerschaft und Familie, im Freundeskreis, in der Freizeit sowie bezüglich Politik, Wirtschaft, Kultur etc. besonders schwierig?
- Mit welchen Hilfen gelingt mir diese Gratwanderung?

Scheitern gestattet!

Ich glaube an das Paradoxon
des Erfolges durch Scheitern.
Elbert Hubbard (US-Politiker, 1849–1912)

Bewahre mich vor dem naiven Glauben,
es müsste im Leben alles glatt gehen.
Schenke mir die nüchterne Erkenntnis,
dass Schwierigkeiten und Niederlagen,
Misserfolge und Rückschläge
eine selbstverständliche Zugabe zum Leben sind,
durch die wir wachsen und reifen.
Antoine de Saint-Exupéry (Flugpionier, 1900–1944)

Ich bin immer wieder gescheitert –
das ist der Grund, warum ich erfolgreich bin.
Steve Jobs (Gründer und CEO von Apple, *1955)

Engagierte Gelassenheit äußert sich speziell im Umgang mit Kritik und Widerstand, Rückschlägen und – tatsächlichen oder vermeintlichen – Misserfolgen. Wenn wir die Bilanz unserer getroffenen und nichtgetroffenen Entscheidungen ziehen und unsere Lebensphasen aus der Retrospektive bewerten, stellen wir neben Erfolgen vermutlich auch einige Fehler und Irrtümer fest. Der gelassen Engagierte lebt und wirkt in der Welt von Vornherein mit dem Bewusstsein, dass das Leben aus Versuch und Irrtum besteht und dass man auch – oder gerade – aus Fehlern und Misserfolgen lernt. Dass wir meinen, man müsse fehlerfrei durchs Leben tanzen, ist vermutlich unser größter Fehler.

Unsere von der Wirtschaft geprägte Gesellschaft ist weitgehend eindimensional leistungs- und erfolgsorientiert. Wenn wir uns auf eine Arbeitsstelle bewerben, sollte unser CV eine lückenlose Erfolgsstory bilden. Die meisten Firmen streben noch immer nach »Business Excellence«, »High Performance« und »Benchmarking« und versuchen durch ISO-Zertifizierungen und Qualitäts-Management Fehlerquoten immer gegen Null zu senken.

Doch nicht nur die Wirtschaft hat Mühe mit dem Scheitern. Die gegenwärtige Krise der Katholischen Kirche, die bei bestimmten Aussagen sogar den Anspruch auf Unfehlbarkeit besitzt, entstand vor allem darum, weil weltweit Bischöfe während Jahrzehnten versuchten, die Verbrechen ihrer Mitarbeiter zu vertuschen und nach außen ein makelloses Bild der Kirche zu präsentieren.

Wenn Astrologinnen am Ende eines Jahres, Politologen nach Wahlen und Abstimmungen, Sekten nach dem nichterfolgten Weltuntergang, Börsen-Analysten nach einem Crash oder Wetter-Moderatoren nach einem regnerischen Tag mit ihren falschen Prognosen konfrontiert werden, finden sie meistens Argumente, warum sie irgendwie doch richtig lagen. Und Tennisspieler, Skirennfahrer und Fußballtrainer versuchen sich meistens zu rechtfertigen, wenn sie nicht gewonnen haben. Das Gefühl, im Recht zu sein und zu gewinnen, tut uns Menschen einfach gut. So gut, dass wir Scheitern um jeden Preis zu vermeiden und schönzureden versuchen.

Dem permanenten und allgegenwärtigen Erfolgszwang sind wir aber nicht hilflos ausgeliefert. Es gibt zunehmend Bereiche, wo eine Fehlerkultur oder Fehlertoleranz bewusst zugelassen und gefördert wird. In der Ausbildung von Piloten sind Bruchlandungen im Flugsimulator ausdrücklich erwünscht. Und in Grundschulen entwickeln Lehrpersonen zunehmend eine Kultur, welche die Schülerinnen und Schüler wegen Patzern nicht abwertet oder bloßstellt. Sport, der unter dem wirtschaftlichen Druck die spielerische Dimension leider immer mehr verliert, wäre an sich das geeignete Übungsfeld, um eine persönliche und kollektive Fehler- oder Verlierer-Kultur einzuüben. Auch fiese Spiele wie *Mensch ärgere dich nicht* oder *Kuhhandel* eignen sich bestens für das Training in engagierter Gelassenheit. Die sozialpädagogischen Spiele, bei denen es nur Gewinner gibt, sind nett gemeint, rauben uns aber die Chance, Misserfolge und dadurch engagierte Gelassenheit einzuüben. Ein geeignetes Übungsfeld für die engagierte Gelassenheit ist auch der Handel mit Aktien an der Börse – eine ständige Wellenbewegung von Erfolgen und Verlusten, die uns früher oder später dazu zwingt, entweder langfristig zu denken und uns nicht abhängig zu machen von Tageskursen oder die Finger von diesem Spiel zu lassen.

Bei Vorträgen und Kursen zum Thema Entscheidungsfindung werde ich oft gefragt, wie man mit falschen Entscheidungen im Leben umgehen soll. Die meisten denken dabei an den Bruch früherer Paarbeziehungen. Trennungen bedeuten aber nicht zwingend ein Scheitern der Beziehungen, sondern können sogar notwendig sein für das weitere Wachstum der beiden Partner und zum Ermöglichen von neuen, wesentlicheren, erfüllenderen und ehrlicheren Beziehungen.

Wir scheitern nicht wirklich dann, wenn eigene Pläne und Wünsche oder gesellschaftliche Ideale und Erwartungen nicht voll und ganz erfüllt werden, sondern nur, wenn wir unserer inneren Stimme, unserem Gewissen und unserem Herz nicht Gehör und Gehorsam schenken. Wenn wir am Ende unseres Lebens Bilanz ziehen werden, sind vermutlich nicht unsere Irrtümer und unerfüllten Erwartungen entscheidend für ein gelungenes oder gescheitertes Leben, sondern ob wir uns selbst treu gewesen sind. Martin Buber beschreibt dies in einer chassidischen Geschichte in der Rabbi Sussja kurz vor seinem Tod von Anhängern und Freunden gefragt wurde, ob er denn gar keine Angst hätte. Rabbi Sussja meinte ja, wenn er an all die Großen und Bedeutenden dächte, an Mose und Abraham und Jeremia, den Propheten, aber er wäre sicher, dass er in der kommenden Welt nicht gefragt würde:

>»Warum bist du nicht Mose gewesen?‹ Man wird mich fragen: ›Warum bist du nicht Sussja gewesen?‹«

Der Meister im Umgang mit dem – vermeintlichen – Scheitern ist der 33-jährige Nazarener am Kreuz. Auf den ersten Blick ist dieser Tod Ausdruck des totalen Scheiterns. Auf den zweiten Blick aber ist es das Bild des Siegers, der die Spirale der Gewalt gebrochen und die Kraft der Liebe über die Macht des Todes stellte. Leider wird in den grässlichen Kruzifixen in Schulzimmern und Amtsstuben nur Jesu Leiden für unsere Sünden glorifiziert und kaum je der Sieg über das Paradigma von Gewalt und Gegengewalt vermittelt. Engagierte Gelassenheit bedeutet im biblischen Sinn nicht die durch die US-Verfassung angestrebte Happyness, sondern *Seligkeit*, welche Leiden und Scheitern als unvermeidbare Zutaten des Lebens integriert. In den *Seligpreisungen* (in der Bergpredigt im 5. Kapitel des Matthäus-Evangeliums) wird auch und gerade all jenen Menschen ein erfülltes, sinnvolles und gelingendes Leben verheißen, die arm sind und trauern, unter Gewalt und Ungerechtigkeit leiden oder wegen ihres Glaubens, ihrer Werte und Überzeugungen diskriminiert werden.

- Wann habe ich ein Scheitern oder Versagen so erlebt, dass ich bis heute darin keinen positiven Sinn oder keine Lernchance entdecken kann?
- Wann und wo bin ich gewachsen und gereift durch sogenanntes Scheitern oder Versagen?
- Woran liegt es, dass ich in manchen Fällen im vermeintlichen Scheitern etwas lerne und profitiere und im anderen Fall nicht?

Heiterkeit, Humor und heiliger Zorn

Gott schütze mich vor Katastrophen
und Menschen, die nicht lachen können.
Johann Wolfgang von Goethe (1749–1832)

[Der weise, reife Mensch]
lebt sein Leben mit einer Grundstimmung
der gelassenen Heiterkeit.
Diese Heiterkeit ist höchste Erkenntnis und Liebe,
ist Bejahen aller Wirklichkeit,
Wachsein am Rand aller Tiefen und Abgründe.
Hermann Hesse (Schriftsteller, 1877–1962)

Humor ist der Knopf,
der verhindert, dass der Kragen platzt.
Joachim Ringelnatz (Kabarettist und Autor, 1883–1934)

Weder engagierte Gelassenheit als Wirken mit Herzblut und
mit der Fähigkeit zur inneren Distanz noch Gelassenheit als
Haltung der Seelenruhe huldigen einer emotionalen Immu-
nisierung. Zorn und Ärger sind in manchen Situationen mehr
als berechtigt – vor allem, wenn bestimmte Leiden, Ungerechtigkeiten und Diskriminierungen wie etwa die Todesstrafe, Umweltschäden, Wal- und Robbenjagd, Kindsmissbrauch und Börsencrash durchaus vermeidbar wären. Ärger
und Wut sind positive Emotionen oder zumindest neutrale
Energien und können sozial konstruktiv kanalisiert werden.
Die Psychotherapeutin und Psychologieprofessorin Verena

Kast hat dem Sinn und Lob des Ärgers ein ganzes Buch gewidmet. Zorn, Ärger und Wut dienen nicht selten als Motoren für ein kreatives Wirken, nicht weniger als Verliebtheit und Anziehung, Sehnsucht und Begeisterung:

»Meine Erfahrung ist, dass gute Artikel oft dann entstehen, wenn ich mich über einen Sachverhalt aufrege. Es liegt dann an der Professionalität, darob nicht blind oder blindwütig zu werden.« (Journalist, 49 Jahre)

Der Wut und dem Zorn sind wir nicht hilflos ausgeliefert, sondern können diese Energie steuern. Der Friedenstrainer Ron Halbright schrieb mir auf die Frage nach dem Umgang mit dem Ärger:

»In meinen Kursen zum Thema Umgang mit Konflikten empfehle ich manchmal, wütend zu werden, bevor man wirklich wütend ist. Damit meine ich: Wenn ich dazu tendiere, mich zu beherrschen und die andere Person eine emotionale Reaktion verlangt, wird diese weiter provozieren, bis ich Emotionen zeige. Darum ist es gesünder, bereits im frühen Stadium eines Konflikts Ärger zuzulassen, als ihn später nicht mehr beherrschen zu können.«

Wut, Ärger und Zorn können und dürfen im Zusammenleben der Menschen vorkommen. Dass wir manchmal gar von einem »heiligen Zorn« sprechen, hängt mit der hohen Emotionalität des engagiert-gelassenen Nazareners zusammen. Jesus reagierte häufig erregt. Einmal warf er aus Wut über die Händler sogar Marktstände im Tempel um. Das Unterdrücken von Emotionen ist vor allem dann fehl am Platz, wenn Freiheit und Integrität von uns oder anderen Menschen verletzt werden.

Engagierte Gelassenheit zeichnet sich dadurch aus, dass Menschen auch mitten in heftigen Debatten, im Streit oder in Momenten der Trauer eine Portion Heiterkeit bewahren. Ich meine damit nicht den »Galgenhumor« oder den »schwarzen Humor«, sondern den »leichten« Humor, der die menschliche Unzulänglichkeit als sympathischen Charakterzug auszudrücken versteht. Wenn ich Beerdigungen halte, spiele ich selbstverständlich nicht den Clown. Aber ich halte es nicht für pietätlos, wenn man auch auf einer Beerdigung schmunzeln oder lachen darf, wenn Macken oder Ticks des Verstorbenen angesprochen werden.

Humor als Ausdruck engagierter Gelassenheit schätze ich vor allem bei Polit-Kabarettisten, die für eine bestimmte politische oder soziale Sache mit Herzblut und gleichzeitiger Heiterkeit und Leichtigkeit kämpfen. Den meisten Politikern fehlt der Humor, weil sie sich gern für die Retter und den Nabel der Welt halten. Und weil eine der Hauptaufgaben von Politikern darin besteht, eine möglichst hohe Medienpräsenz mit Blick auf die nächsten Wahlen zu erreichen, produzieren sie gern mit Hilfe der Medien aus Banalitäten vermeintliche Skandale. Selbst nüchterne Tageszeitungen wie die *Frankfurter Allgemeine Zeitung* oder die *Neue Zürcher Zeitung* verwenden die Ausdrücke »Krise« und »Skandal« für Vorgänge, die bereits wenige Tage später in Vergessenheit geraten sind. Das alte Sprichwort von der Suppe, die sehr viel weniger heiß gegessen wird als sie gekocht wurde, bewahrheitet sich zum Glück immer wieder.

Humor ist die Fähigkeit, der Unzulänglichkeit der Welt und der Menschen mit engagierter Gelassenheit zu begegnen. Humor ist eine liebevolle Geisteshaltung und Weltanschauung, der besondere Blick auf die eigenen und fremden Grenzen, auf Scham und Schwächen, Misserfolge und Absurditäten, Widersprüche und Unvollkommenheiten. Menschen mit Humor nehmen sich und ihr Engagement wichtig und gleichzeitig nicht todernst.

Humor ist auch oft ein lebendiger Beweis dafür, dass wir mit fast jeder Situation so oder so umgehen können und dass Freud und Leid, Zufriedenheit oder Frustration im Leben weitgehend eine Frage unserer inneren Einstellung sind. Ein heiteres Beispiel möge diesen Gedanken veranschaulichen: Seit bald 20 Jahren erteile ich Kurse im Lassalle-Haus im Herzen der Schweiz. Meistens findet parallel ein Kurs in Zen-Meditation statt, wo jeweils 20 bis 50 Personen in schwarzen Kleidern schweigend über die Gänge huschen, kein Wort sprechen und auch niemanden grüßen. Manchmal löst dies bei meinen Kursteilnehmern Unverständnis und Widerstände bis hin zu aggressiven Gefühlen aus. Und ich muss dann jeweils an Toleranz gegenüber der spirituellen Vielfalt appellieren. Als während eines Kurses die schweigenden und nicht grüßenden schwarzen Gestalten mal wieder zum Thema in der Gruppe wurden und sich einige Kursgäste richtig ereiferten, meinte eine Teilnehmerin mit einem schelmischen Schmunzeln in ihrem engelhaften Gesicht: »Ich hätte so richtig Lust, mal einen Meditierenden von hinten zu erschrecken.« Worauf ein heiteres Lachen durch die Runde ging und das Thema erledigt war.

Bereits weiter oben war die Rede davon, dass Humor nicht nur individuell unterschiedlich verteilt ist, sondern auch in gewissen Kulturen und Ländern ausgeprägter oder spärlicher vorhanden ist. Paul Watzlawick stellte den bekannten Vergleich zwischen Österreichern und Preußen an: »Der Preusse sagt: Die Lage ist ernst, aber nicht hoffnungslos. Und der Österreicher sagt: Die Lage ist hoffnungslos, aber nicht ernst.« Dass die Schweizer eher zu den humorlosen Erdenbürgern zählen, mag mit der Kleinheit des Landes zusammenhängen. Speziell auf Kritik aus dem großen Kanton Deutschland reagieren Schweizer jeweils wie die Prinzessin auf der Erbse. Als die Schweizer Banken weltweit für das Beschützen von Steuerhinterziehern gerügt wurden und das Land auf eine Schwarze Liste von zweifelhaften Steueroasen gelangte, provozierte der damalige deutsche Finanzminister die Schweiz gleich zweimal. Im März 2009 wollte er nicht preisgeben, ob die Schweiz tatsächlich auf der Schwarzen Liste der OECD stand und meinte: »Man muss die Kavallerie nicht immer ausreiten lassen. Die Indianer müssen nur wissen, dass es die Kavallerie gibt.« Und Anfang Mai doppelte er nach: »Selbstverständlich werde ich die betroffenen Länder zur Konferenz in Berlin einladen – Luxemburg, Liechtenstein, Schweiz, Österreich und Ouagadougou.« Dass die harmoniebedürftigen Schweizer mit Indianern und das Heidi-Land mit der Hauptstadt von Burkina Faso verglichen wurden, führte beinahe zu einer Staatskrise. Der Schweizer Verteidigungsminister gab seinen deutschen Dienstwagen umgehend ab und fegte bei der geplanten Beschaffung von Kampfjets die Offerten aus Deutschland gleich vom Tisch.

Dass sich Ernst und Heiterkeit und somit auch Engagement und Gelassenheit nicht widersprechen, sondern gegenseitig voraussetzen und bedingen, ergänzen und ermöglichen, brachte Johann Wolfgang von Goethe kurz und treffend auf den Punkt:

Die Menschen begreifen gar nicht,
wie ernst man sein muss,
um heiter zu sein.

Umgekehrt gilt der Satz selbstverständlich auch ...

- Wann gebe ich dem heiligen Zorn Raum und Ausdruck?
- Wie gelange ich zu mehr Heiterkeit?
- Wo möchte ich mich mit viel Ernst und Herzblut einlassen, aber gleichzeitig lockerer und mit mehr Heiterkeit ans Werk gehen?
- Was habe ich bezüglich »engagierter Gelassenheit« gelernt? Was ist mir wichtig geworden?
- Welches sind für mich noch offene Fragen und Themen?

Am Ende der Lektüre lade ich Sie ein, Ihren Standort in Bezug auf Gelassenheit und Engagement zu bestimmen.

- Wo stehe ich bezüglich Gelassenheit und Engagement? Und in welche Richtung möchte ich mich entwickeln? (im Diagramm einzeichnen)
- Wie bewirke ich die gewünschten Veränderungen?

Gelassenheit (100%)

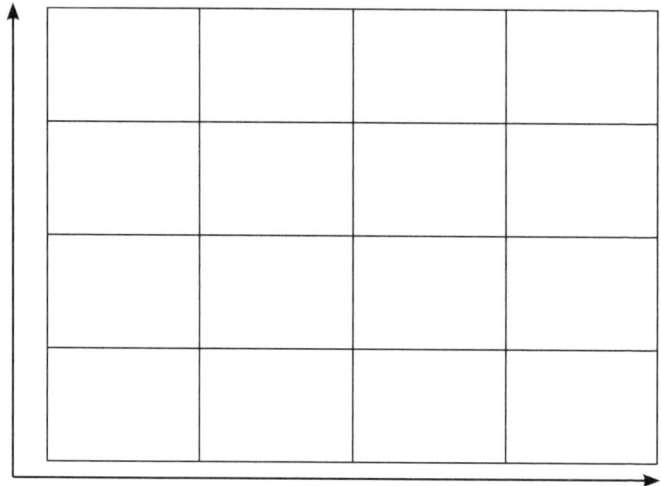

0 %   Engagement (100%)

Dank

Aufgrund der jahrelangen Auseinandersetzung mit dem Buchthema bin ich für drei Erkenntnisse besonders dankbar: Erstens kann ich gelassen werden, wenn ich mitten im Unvermeidlichen neue sinnvolle Ziele suche und finde. Zweitens ist Engagement keine Frage von Arbeitszeit und Überstunden, sondern von Herzblut und Leidenschaft. Und drittens fielen in die Zeit des Schreibens mehrere private und berufliche Rückschläge. An diesen Misserfolgen und Widerständen, Brüchen und Trennungen ließen sich die Buchinhalte ganz praktisch und konkret prüfen. Und so kann ich heute engagierte Gelassenheit mit einer Prise Ironie definieren:

Engagierte Gelassenheit ist die innere Freiheit,
mich lächerlich zu machen
und für verrückt gehalten zu werden.

Zunächst bedanke ich mich herzlich bei Dr. Ellen Ringier für ihr authentisches Vorwort. Normalerweise kennt ein Vorwort-Schreiber den Buchinhalt. Doch ich wollte mich umgekehrt von Ellen Ringiers Vorwort inspirieren lassen. Die Anwältin, Mutter und Verlegersgattin ist Gründerin und Präsidentin der Stiftung Elternsein und engagiert sich in sozialen und kulturellen Organisationen (Pro Juventute, Gesellschaft ohne Rassismus und Antisemitismus, Pfadfinderbewegung, KKL Luzern). Ihr Interesse an der Welt und ihr Kampf für Gerechtigkeit werden sie bestimmt zeitlebens vor falscher Gelassenheit schützen.

Besonderen Dank gilt allen, die mit ihren Statements den Leserinnen und Lesern wertvolle Impulse geschenkt haben: Alexandra Heisenberg-Meierhans, Andrea Gnägi, Andrea Schwander, Andreas Baumeister, Angela Dettling, Angelika Bösch, Angelika Ramer, Ann Zulliger, Annette Marclay-Kunz, Anouk Holthuizen, Barbara Schmid-Federer, Barbara Strässle, Bea Brandenberger, Birgit Klaus, Brigitta Kreuzer-Seiler, Caroline Morel, Cathérine Gloor, Christian Dorer, Christian Haeggberg, Christine Rhomberg, Dani Kammüller, Daniel Foppa, Daniela Maiwald, Daniela Schwegler, Diana Segantini, Elisabeth Brun, Elisabeth Poeschl, Esther Girsberger, Fabienne Engeli, Felix Münger, Franz Bamert, Franz Xaver Süess, Gabriela von Däniken, Gabrielle Kleinert, Gil Ducommun, Harald Ziegler, Ilona de Crouy-Chanel, Iren Meier, Jean-Martin Büttner, Jeanine Kosch, Joan Hauser Walsh, Jörg Niederberger, Judith Heusser, Jürg Thommen, Karin Amstutz, Karin Blum, Käthi König, Katrin Hafner, Lucie Paska, Manja van Wezemael, Marianne Schirmer-Bichsel, Marie-Christine Oppen, Markus Muff, Marlène Schnieper, Martin Frischknecht, Martin Straub, Martin Tanner, Martina Monti, Matthias Mächler, Michael Deppeler, Michèle Adam Schwartz, Mirjam Leu, Monika Wegmann, Noldi Vogler, Norbert Bischofberger, Paul Bösch, Pascale Sola, Patricia Fent, Patrick Cotti, Patrick Huser, Peter Röthlisberger, Petra M. Schöb, Rita Roos-Niedermann, Ron Halbright, Ruth Bärlocher, Sandro Brotz, Sari Simola, Séverine Bächtold, Simon Spengler, Sissy Brändle, Stefan Keller, Stephan Rothlin, Susanna Haller, Susannah Haberfeld, Susanne Briellmann, Thomas Bürge, Ueli Hauser, Ueli Locher, Walter Fust, Walter Meier, Walter Weder, Yuka Nakamura und Yvonne Kaehr.

Den gelungenen Buchtitel verdanke ich der Marketing-Abteilung vom Kösel-Verlag. Für das Lektorat und die gesamte Organisation des Buches danke ich namentlich Michaela Breit, Michael Kötzel, Christa Altmann, Marion Riedl, Anita Wenhardt und Susanne Eckardt.

Mein Bruder Christoph und meine Schwägerin Chatrina sowie mein Cousin Ernst haben mir wochenlang ihre Ferienwohnungen im sonnigen Graubünden zur Verfügung gestellt, um in Ruhe zu schreiben – tausend Dank!

Ein vielleicht ungewöhnlicher Dank gilt den Komponisten Dimitrij Schostakovich, Sergej Rachmaninow, Maurice Ravel und Frédéric Chopin sowie den Pianisten Hélène Grimaud, Dinu Lipatti und Vladimir Horowitz für die wunderbaren Klavierklänge, die mich beim Schreiben begleiteten und inspirierten.

Schließlich danke ich meiner Partnerin Karin herzlichst für die intensiven Gespräche rund um das Buchthema und für ihre Gelassenheit gegenüber meinen räumlichen und geistigen Abwesenheiten während der häufigen und langen Schreibphasen.

Sie, liebe Leserin, lieber Leser, Sie dürfen mir gern Rückmeldungen geben zur Lektüre. Auch stehe ich gerne für Referate oder Seminare zur Verfügung. Dass Ihnen die engagierte Gelassenheit immer wieder und immer leichter gelingen möge und dass Sie in diesem Buch wertvolle Entdeckungen machen durften, wünscht Ihnen von Herzen

Lukas Niederberger
gelassensein@hotmail.com

Literaturhinweise

Ausländer, Rose: *Gelassen atmet der Tag*, Frankfurt a.M.: Fischer 1992

Asgodom, Sabine: *12 Schlüssel zur Gelassenheit*, München: Kösel 2004

Bakker, Arnold/LEITER, Michael: *Work Engagement*, New York: Psychology Press 2010

Bay, Rolf H.: *10 Gebote für gelassene Lebensmanager*, Würzburg: Vogel 2003

Campbell, Gregory: *Gelassenheit. Die hohe Kunst des Lebens und Sterbens*, Norderstedt: B.o.D. 2004

Cooper, Diana: *Die Kraft des inneren Friedens*, München: Heyne 2007

Dalai Lama: *Das Leben tiefer verstehen*, Freiburg i.Br.: Herder 2007

Drexler, Diana: *Gelassen im Stress*, Stuttgart: Klett-Cotta 2006

Elias, Norbert: »*Engagement und Distanzierung*«, in: *Gesammelte Schriften*, Bd. 8, Baden-Baden:

Suhrkamp 2003

Fening, Bärbel: *Kleine Anleitung für mehr Gelassenheit*, Hannover: Schlütersche 2006

Fey, Gudrun: Gelassenheit siegt, Regensburg/Berlin: Walhalla 2008

Fuchs, Isabelle: *Die Ruhe der Seele ist ein herrliches Ding*, München: arsEdition 2002

Greinacher, Norbert: *Gelassene Leidenschaft*, Zürich: Benziger 1977

Grün, Anselm: *Das Glück der Gelassenheit*, Freiburg i.Br.: Herder 2005

Grün, Anselm: *Herzensruhe*, Freiburg i.Br.: Herder 1998

Guggemos, Christine: *Wege zur Gelassenheit*, Gilching: Korsch 2006

Hellinger, Bert: *Dankbar und gelassen*, Freiburg i.Br.: Herder 2006

Höffe, Ottfried: *Lebenskunst und Moral*, München: C. H. Beck 2007

Hohensee, Thomas: *Gelassenheit beginnt im Kopf*, München: Knaur 2007

Hudson, Trevor: *Das Gebet um Gelassenheit*, Basel: Brunnen 2005

Jaeggi, Eva: *Tritt einen Schritt zurück und du siehst Mehr*, Freiburg i.Br.: Herder 2005

Kabat-Zinn, Jon: *Im Alltag Ruhe finden*, Frankfurt: Fischer 2007

Kast, Verena: *Vom Interesse und dem Sinn der Langeweile*, Düsseldorf/Zürich: Walter 2001

Knollmeyer, Cornelia: *Komm wieder zur Ruhe mein Herz*, Würzburg: Echter 2006

Kühn, Stefanie: *Gelassen in die Zukunft*, Kulmbach: Edition Der Aktionär, Börsenmedien 2009

Lauster, Peter: *Wege zur Gelassenheit*, Düsseldorf: Econ 1988

Lauster, Peter: *Wege zur Gelassenheit*, Hamburg: Rowohlt 1988

Lewitan, Louis: *Die Kunst, gelassen zu bleiben*, München: Ludwig 2009

Liesenfeld, Stefan: *Gedanken über den Wert der Gelassenheit*, München: Neue Stadt 2005

Maschwitz, Rüdiger: *Kooperiere mit dem Unvermeidlichen*, München: Kösel 2008

Merton, Thomas: *Christliche Kontemplation*, München: Claudius 2010

Nuber, Ursula: *10 Gebote für gelassene Frauen*, Bern: Scherz 2000

Nürnberger, Elke: *Gelassenheit lernen*, Planegg b. München; Haufe 2008

Patterson, Timothy: *Gelassenheit gewinnt*, Hannover: Humboldt 2008

Plate, Manfred (Hg.): *Engagierte Gelassenheit*, Freiburg i.Br.: Herder 1978

Precht, Richard: *Die Kunst, kein Egoist zu sein*, München: Goldmann 2010

Ringeisen, Paul: *»Engagierte Gelassenheit«*, in: Manfred Plate 1978

Rohr, Richard: *Befreiung vom Ego*, München: Claudius 2008

Sabi Wabi: *Nicht perfekt und trotzdem glücklich*, München: Knaur 2007

Schaefer, Stephan (Hg.): *Seneca. Lob der Gelassenheit*, Verlag Neue Stadt 2008

Schiffer, Eckhard: *Reise zur Gelassenheit*, Freiburg i.Br.: Herder 2006

Schlüter, Bernd: *Scheitern – und neu anfangen*, Leipzig: Engelsdorfer 2010

Schmidbauer, Wolfgang: *Dranbleiben – die gelassene Art Ziele zu erreichen*, Freiburg i.Br.: Herder 2009

Schwarz, Aljoscha: *Die 7 Geheimnisse der Schildkröte*, München: Lotos 2007

Seneca, Lucius Annaeus: *Lob der Gelassenheit*, München: Neue Stadt 2008

Seneca, Lucius Annaeus: *Von der Seelenruhe*, Frankfurt: insel 1984

Steffel, Wolfgang: *52 Wege zur Gelassenheit*, Stuttgart: VKB 2006

Stutz, Pierre: *Meditationen zum Gelassenwerden*, Freiburg i.Br.: Herder 2001

Stutz, Pierre: *Loslassen*, Fribourg: Kanisius 2000

Tepperwein, Kurt: *Gelassenheit*, München: Goldmann 2006

Terstriep, Dominik: *Indifferenz*, St. Ottilien: EOS 2009

Voigt, Dieter/Meck, Sabine: *Gelassenheit*, Darmstadt: Wissenschaftliche Buchgesellschaft 2005

Walter, Rudolf: *Gelassen werden*, Freiburg i.Br.: Herder 1996

Wilker, Jessica: *Das Einmaleins der Gelassenheit*, München: Theseus 2008

Zink, Jörg: *Die Quellen der Gelassenheit*, Stuttgart: Kreuz 2004

Quellenverzeichnis

S.15 Antoine de Saint-Exypéry, in: *Der Kleine Prinz* © Karl Rauch Verlag Düsseldorf, 1950 und 2008

S.17 f. Thomas Merton, in: Patrick Hart/Jonathan Montaldo (Hrsg.), *Thomas Merton – Der Mönch der sieben Stufen.* Übersetzt aus dem Englischen von Michael Säger © der dt. Übersetzung: Patmos-Verlag der Schwabenverlag AG, Ostfildern/Düsseldorf 2000. Für das englische Original: The intimate Merton © Harper Collins, USA

S.89 Peter Handke, in: *Gestern unterwegs* © Jung und Jung, Salzburg und Wien 2005

S.109 Otmar Höffe, in: *Lebenskunst und Moral oder macht Tugend glücklich?* © 1. überarbeitete Neuausgabe in der Beck'schen Reihe 2009, Verlag C.H. Beck, München

S.137 Erich Kästner »Zum neuen Jahr«, in: *Kurz und bündig* © Atrium Verlag Zürich 1948 und Thomas Kästner

S.141 Dietrich Bonhoeffer, in: *Widerstand und Ergebung* © Gütersloher Verlagshaus, Gütersloh, in der Verlagsgruppe Random House GmbH, München

S.160 Peter Hagmann, Abdruck mit freundlicher Genehmigung der NZZ © Neue Züricher Zeitung vom 19.08.2007

S.165 f. © Iren Meier

S.168 Angela Montanile, in: *Surprise. Schweizer Straßenmagazin* 12/2009 © Surprise Schweizer Straßenmagazin

S.114, 173 Antoine de Saint-Exypéry, in: *Die Stadt in der Wüste* © Karl Rauch Verlag Düsseldorf, 1956 und 2009

S.178 Hermann Hesse, in: *Das Glasperlenspiel*, in: ders., sämtliche Werke, Band 5 © Suhrkamp Verlag, Frankfurt/M. 2001

Bibelzitate sind der Einheitsübersetzung der Heiligen Schrift entnommen © Katholische Bibelanstalt, Stuttgart 1980 (S.99 und 100)

Einige Quellenangaben waren trotz Bemühungen des Verlags nicht oder nur ungenau möglich. Der Verlag ist für weiterführende Hinweise dankbar.